L'OURAL EN PLEIN CŒUR

ASTRID WENDLANDT

L'OURAL EN PLEIN CŒUR

Des steppes à la taïga sibérienne

ALBIN MICHEL

Ce livre est publié sous la direction
de Francis Geffard

À Milla Jeanne

« Si tu veux faire rire Dieu, raconte-lui tes plans. »

Proverbe russe

Yamal
Chaîne de L'OURAL
Vorkouta
Mont Neroïka
Beriozovo
Priobyé
Saranpaul
Severouralsk
Ekaterinbourg
Tcheliabinsk
Magnitogorsk
Arkaim
Omsk
Novossibirsk
KAZAKHSTAN
0
100km
500km

Avant-propos

Il arrive qu'on se sente chez soi ailleurs. Dans quelques rares endroits lointains, tout semble plus authentique. La pensée y est limpide, l'impulsion de vie intense. On y devient même parfois meilleur. Ce lieu, pour moi, c'est la Russie. Depuis presque vingt ans, la moitié de ma vie, je m'y rends régulièrement sans savoir pourquoi. Ce n'est qu'une fois rentrée que je saisis ce que j'y ai gagné. Au fil des années, j'ai acquis un robuste instinct de survie, une mansuétude pour les déséquilibrés, un abandon à l'imprévu et une certaine placidité face à l'adversité.

Je viens d'une génération qui honnit la Russie et pense, comme le marquis de Custine, que c'est « le pays de la terre où les hommes sont le plus malheureux » car il est régi par le mensonge et la barbarie ; nul homme ne peut y être vraiment libre. Certes, l'histoire russe baigne dans le sang, le pouvoir extermine ses génies depuis des générations et bâillonne sans relâche l'opposition et la presse et, depuis peu, les homosexuels aussi.

Pourtant la liberté, pour moi, commence en Russie. Même si le FSB, le successeur du KGB, contrôle toutes les strates de la société, il y règne encore un tendre désordre que l'on ne retrouve plus dans des pays comme la France où chaque fait et geste est policé. En Russie, tout problème trouve sa solution, même si cela implique parfois de sortir son portefeuille. Moyennant quelques billets, on peut s'entendre avec n'importe qui, le milicien, le médecin, le juge ou le quidam. Si je n'étais pas issue d'un pays si tristement corseté par sa bureaucratie, j'aurais moins d'indulgence pour ces pratiques douteuses qui pimentent le quotidien russe.

Le voyage sert à tordre le cou aux idées reçues et à affûter son regard. Vu du ciel, le contraste entre l'anarchie de la Russie et le rigorisme de certains pays européens saute aux yeux. Passé les forêts de Biélorussie, les grands espaces indisciplinés cèdent la place à un paysage quadrillé. Chaque centimètre de terre ou de pierre, chaque bosquet, clairière ou closerie a été méticuleusement agencé. On comprend alors que la Russie possède ce que l'Europe n'a plus : de l'espace. La dimension infinie du pays ouvre l'esprit de celui qui le contemple. La Sibérie est l'un des derniers endroits où l'on peut encore disparaître, vivre à des centaines de kilomètres du premier village et imaginer qu'il reste encore des forêts vierges des pas de l'homme. Après la Sibérie, plus rien ne semble sauvage en Europe.

J'ai passé plusieurs étés à marcher dans la toundra avec les derniers éleveurs de rennes nenets entre 2002 et 2007 et, plus tard, je suis partie à la recherche d'autres peuples en sursis dans les montagnes de l'Oural, aux portes de la Sibérie. Finalement, je n'ai vu personne qui réponde à cette définition – j'ai trouvé mieux. Au lieu d'une civilisation ancienne et oubliée, j'en ai découvert une en devenir. Des hommes et des femmes, souvent érudits, parfois aisés, avocats, hommes d'affaires et artistes ont fait un bras d'honneur à la société et largué les amarres pour s'inventer une autre vie, plus simple, resserrée autour du travail de la terre. Des centaines de familles vivent en semi-autarcie dans les plaines de l'Oural et se créent un nouvel avenir, inspirées par Anastasia, la chamane de la taïga sibérienne, une héroïne de roman russe, qui appelle à une communion avec la Nature.

Au départ, j'étais partie dans l'Oural pour revoir un rockeur russe que j'avais aimé passionnément quinze plus tôt. En tentant de renouer avec cet ancien amour, contre toute attente, j'ai vécu une nouvelle idylle. « Ce qui ne se passe pas est pour le mieux », disent les Russes. Il faut faire confiance à la vie et lâcher prise pour faire place au meilleur.

Selon la légende, le chat a neuf vies. Projeté de haut, le félin survit toujours grâce à sa souplesse innée. Certains humains ont du chat en eux. Ils sont capables de se relever de chutes terribles, au sens propre et figuré. Poussant plus loin cette idée, les vies multiples peuvent se superposer. En d'autres termes, il est possible de les vivre en même temps, de façon parallèle. J'appartiens à cette catégorie. Lorsque je ne voyage pas en Russie, je gagne ma vie en écrivant des articles sur l'économie et la finance pour une agence de presse internationale à Paris. Mes lecteurs sont des investisseurs, des *traders* et des médias aux quatre coins de la planète qui ne pardonnent pas l'erreur. Nous sommes loin du monde de la littérature où tout est possible, où l'imaginaire se mêle à la réalité. J'ai choisi d'écrire ce livre en français afin de m'éloigner de l'univers professionnel anglo-saxon dans lequel je baigne depuis toujours. On ne dit pas les mêmes choses d'une langue à l'autre. Je n'aurais jamais pu forger ce récit en anglais, ma deuxième langue maternelle, fruit de ma double citoyenneté française et canadienne. Je me serais autocensurée. Pour laisser s'élever la voix du conteur, il me fallait faire taire celle du correspondant. J'ai tenté de tuer la journaliste, en vain. Le démon du reportage vit en moi, invincible. Mais l'exercice fut salutaire.

À présent, levons le camp et partons pour la Russie post-soviétique des années 1990.

Le tramway

J'ai commencé à croire aux miracles à Tcheliabinsk, complexe militaro-industriel agonisant sur les flancs sud de l'Oural. Le lieu invite au suicide. Il se confond pour moi avec ma plus belle histoire d'amour. Engouffrée dans un nuage toxique, hérissée de cheminées noires, Tcheliabinsk tient le haut des records de pollution. Cette cité fut le berceau de la première bombe atomique soviétique et le kilomètre zéro des tanks destinés à envahir l'Europe. Au cœur de cette déglingue post-soviétique, j'ai fait un vœu un jour de printemps et il a été exaucé.

Je souhaitais retrouver la trace d'un rockeur russe, un homme dont j'ignorais tout. Je n'avais croisé son regard qu'une seule fois et ne lui avais jamais adressé la parole. Un après-midi, je me suis mise à le chercher et il m'est apparu, comme par enchantement.

Micha est entré dans ma vie en mars 1995. La Russie de Boris Eltsine n'avait pas quatre ans et moi tout juste vingt et un. Assise dans le tramway, je buvais le soleil à travers les vitres encrassées par lesquelles défilaient les tours grises des HLM. Pour la première fois depuis des mois, j'avais chaud. Je transpirais et me liquéfiais comme ces névés sur le bitume, vieux souvenirs de l'hiver. Je balançai mes hardes sur les banquettes recouvertes de skaï. La sève remontait, mes bras appelaient l'amour. Il était au coin de la rue ; il se cachait derrière un arbre. Où était donc ce musicien qui me hantait depuis des semaines ? Je frottai du coude un coin de la fenêtre et déshabillai la ville. Les passants marchaient comme on marche en Russie : lentement, à pas précautionneux. « Non, pas lui. Pas lui. Un beau brun monte dans le tramway, non, toujours pas lui. »

J'avais vu Micha pour la première fois un soir de concert. Il faisait le cobra avec sa guitare et chantait des ballades d'une voix sulfureuse. Avec ses cheveux ras, son front blême et son regard de révolté, on aurait dit qu'il sortait de prison. On ne choisit pas ses coups de foudre. Ses yeux légèrement fendus me rappelaient que l'Oural, c'est déjà le début de l'Asie. Je l'écoutais avec avidité et fascination. Il respirait la liberté et une douce dinguerie, celle qui apporte à la vie un peu de cet essentiel piment. À la fin du concert, je m'étais précipitée pour le féliciter mais il s'était volatilisé et, depuis, mon cœur n'avait cessé de le réclamer.

J'en étais à mon deuxième mois de survie à Tcheliabinsk. L'Union soviétique venait d'imploser et les rouages de l'Histoire se désarticulaient. Personne n'osait prédire le destin du pays. Je rêvais de devenir journaliste et de témoigner de ces bouleversements à la manière de John Reed, l'écrivain américain qui talonna les bolcheviks pendant les *Dix jours qui ébranlèrent le monde*[1]. Je me voyais rédiger des missives au pied des murs de brique rouge du Kremlin où s'ourdissaient les plus sombres machinations. À cette époque, l'Occident commençait à encourager les réformes de Moscou à coups de milliards de dollars, sans se douter qu'une partie finirait dans des comptes en Suisse pour le bénéfice de quelques roublards. On faisait confiance à Eltsine, le moujik de l'Oural qui avait tenu tête aux communistes du haut de son tank et que l'on avait affublé de l'impossible tâche de ressusciter le cheval exsangue de l'économie russe, conduit par une coterie de bandits et d'incompétents.

J'étais venue à Tcheliabinsk pour apprendre le russe, espérant ensuite gagner la capitale et tenter ma chance en tant que correspondante. En m'exilant quelques mois dans l'Oural, je voulais m'immiscer dans une autre Russie que celle des touristes de Moscou et de Saint-Pétersbourg. Je souhaitais découvrir une région loin de tout ce que je connaissais, enfoncée dans la taïga sibérienne. Je m'en étais fait une image romantique, une ville moderne plantée au milieu des bois. Je ne m'attendais pas à trouver cet endroit si sinistre.

En quelques semaines, cette ville avait broyé ma joie de vivre et je m'y sentais désespérément seule. Passer d'une existence confortable, bourgeoise et parisienne, à l'Oural

1. Publié en 1920, *Ten Days that Shook the World* raconte la prise du pouvoir en Russie par les bolcheviks en 1917. John Reed mourra peu de temps après la publication de son livre. Il est le seul Américain enterré au Kremlin.

précaire et chaotique des années 1990 m'avait laminée. Je venais de connaître la peur, la vraie, celle qui vrille les tripes. J'en avais encore des trous au ventre. À Tcheliabinsk ne vivaient que deux catégories de gens : des ouvriers qui se battaient pour subsister et des malfrats. La seule force qui faisait loi était celle de la kalachnikov et du poing sur la gueule. Les pionniers de ce capitalisme débridé, les propriétaires de *kiosky*, ces minuscules stands improvisés au toit en tôle, étaient brûlés vifs derrière leur comptoir s'ils tenaient tête aux racketteurs. « Donne-moi de la vodka, sinon je t'allume », menaçaient les voyous. Ce n'était pas la guerre des prix mais celle du feu. Seules les grands-mères qui vendaient leurs gousses d'ail et leurs pommes de terre dans les rues étaient épargnées. Une *babushka*, c'était sacré. Tous les autres étaient soumis à diverses formes d'extorsion.

La Russie de cette époque me faisait penser à un pays africain. Il me fallait constamment être sur mes gardes, toujours sous tension, comme si j'avançais en pleine savane. On pouvait me sauter dessus à tout moment. Dans la rue, je prenais un air déterminé, concentrée sur ma route, pour qu'on me laisse tranquille. Je ne regardais jamais les gens dans les yeux, ni les chiens d'ailleurs, de peur qu'ils n'y lisent mon effroi. La nuit, j'entendais des coups de feu du fond de mon lit. Je remontais ma couette comme si cela pouvait me protéger. Je dormais peu et broyais sans cesse du noir. Ma vie intérieure s'était réduite à un champ de ruines. Comme la Russie, j'avais fait table rase du passé. Les vents d'est avaient emporté avec eux l'innocence de l'enfant. Je muais, me durcissais, perdais mes derniers duvets blonds, mes derniers restes d'insouciance. À Tcheliabinsk, j'étais en train de devenir adulte.

Lorsqu'une poussée de folie s'annonçait, je pensais à Érasme. Le théologien néerlandais soutenait que la folie était le plus haut seuil de lucidité.

« Accordez aussi aux fous une qualité qui n'est pas à dédaigner : seuls, ils sont francs et véridiques. »

J'habitais chaussée des Enthousiastes dans un Rubik's Cube anthracite au bord d'un terrain vague. Je logeais chez Sergeï, un ingénieur qui développait des systèmes de navigation pour avions de chasse et Olga, sa femme, qui récurait les sols d'une usine de produits chimiques. De ma vie, je n'avais jamais rencontré de couple aussi bizarre et, pour eux aussi, je devais être une extraterrestre. Nous nous observions du coin de l'œil et cultivions une méfiance croissante. Nos échanges demeuraient brefs et nos questions limitées aux sujets pratiques. C'était la maison du silence. Au moment des repas, je n'avais rien à leur dire et eux non plus. Parfois, ils sortaient une bouteille de vodka et enchaînaient les shots pour neutraliser l'ennui. Mais l'ivresse ne se lisait pas sur leur visage. Ils continuaient d'avoir l'air à demi mort. Olga, une femme hippopotame avec de petits yeux noirs, me gavait de soupes huileuses et sans saveur. Sergeï, qui pesait deux fois moins que sa moitié, avait le nez tordu et se passait souvent une main exaspérée dans ses cheveux gras. De temps en temps, il partageait avec moi quelques anecdotes que je ne comprenais qu'une fois sur trois et je forçais un sourire quand il s'esclaffait. Le matin, je me réveillais le ventre creux. Mon corps rejetait le régime russe. Je m'efforçais de ne pas penser aux plats de ma mère, à ses côtes d'agneau rôties aux herbes de Provence. Même bouillie, l'eau de l'appartement avait un goût de torchon sale. Au robinet, il fallait attendre un quart d'heure pour que la boue s'évacue. Je lavais mes affaires et faisais ma toilette tous les jours avec cette eau et, après la douche, je me sentais toujours poisseuse.

Sergeï touchait son salaire un mois sur deux. Olga recevait sa paie régulièrement, mais cela ne suffisait pas. En logeant une étrangère, ils arrondissaient leurs revenus et, grâce à eux, je me sentais utile. Je ne maîtrisais pas encore bien le russe, malgré tous mes efforts. Je faisais semblant de comprendre les gens et souriais souvent pour me prémunir contre les malveillants.

Mais Tcheliabinsk ne m'empêchait pas de rêver. Et si je le retrouvais, mon musicien ? Grâce à Micha, je m'étais inventé une belle histoire et elle me faisait vivre. Cet homme était devenu un radeau de survie dans les torrents glacés de ma déprime. Bien sûr, il ne savait pas que j'existais. Mais je n'avais pas honte de vivre un amour imaginaire. Loin de ma famille et de mes amis – je ne savais même pas si j'en avais encore car on ne m'avait toujours pas écrit – je n'avais de comptes à rendre à personne. C'est l'un des avantages à être seule au monde…

Depuis mon poste d'observation du tramway, je traquais Micha à travers le carreau que je venais de nettoyer. Galvanisée par cette lumière de printemps, par ces premiers coups de chaud de l'année, je me gonflais d'espoir. Ce jour-là, j'en étais certaine, je reverrais Micha, même si Tcheliabinsk comptait plus d'un million d'âmes. La volonté vaincrait les statistiques.

Je plongeai ma tête dans l'embrasure de la fenêtre et respirai l'air vicié. Le wagon glissait sur les rails chauffés par le soleil en couinant dans les virages. Des grands-mères défilaient sur le trottoir, des cartouches de Marlboro plein les bras : la nicotine rapportait plus que les oignons de la datcha.

À deux arrêts de ma station, j'aperçus Micha, debout sur le trottoir. Il s'apprêtait à monter dans le wagon de tête. Les rames avaient toujours deux voitures. Aucun doute, c'était lui ! Mon cœur fit un bond. Les secondes s'allongèrent. Je saisis mes affaires et le rejoignis sans réfléchir à ce que j'allais lui dire. Je me plantai devant lui et lui offris mon plus beau sourire.

– Bonjour, je vous ai vu jouer l'autre soir. Vous étiez magnifique !

Il mit du temps à remarquer que je lui parlais.

– Ah… Merci.

– Je m'appelle Astrid. Je suis française et j'étudie le russe à Tcheliabinsk.

– Ah ! vous en avez de la chance, dit-il avec ironie.

Il avait la retenue de l'homme soviétique, méfiant vis-à-vis de l'étranger qui s'adresse à lui. Il ne savait pas quoi dire. Je tentai de briser la glace.

– Vous allez loin ?

– Non.

Lisant l'admiration dans mes yeux, il commença à prendre des airs de star en se dandinant.

– Vous savez, je suis très occupé. Je devais répéter avec mon groupe mais... notre rendez-vous vient d'être annulé. J'ai un peu de temps maintenant si vous voulez.

À ces mots, je pris conscience de ma condition : *katastroff !* Je n'étais pas maquillée, mes cheveux étaient sales, je portais un jean et un T-shirt peu flatteurs. Je devais à tout prix passer cinq minutes dans une salle de bains, sinon je n'avais aucune chance.

– Accepteriez-vous de m'accompagner ? J'ai besoin de prendre quelque chose chez moi. Ensuite, nous irons où vous voulez.

– Pas de problème, me répondit-il.

J'étais étonnée qu'il me suive si facilement. Les Russes acceptent l'imprévu car il fait partie de leur quotidien. Ils savent que les rencontres ne se préméditent pas. Micha me suivit jusqu'à ma porte d'entrée. Je lui promis de faire vite. J'avalai les marches quatre à quatre, les narines assaillies par l'odeur de pisse de chat dans la cage d'escalier. Je me ruai dans ma chambre. Toutes mes fripes étaient sales. Je ne trouvai rien qui convenait. Devant le miroir fissuré au-dessus du lavabo, je tentai de me faire des yeux de biche avec du khôl. Ma main tremblotait, le trait dépassait. Ça bavait de partout. Je recommençai, sans succès. Panique. J'avais l'œil au beurre noir. Dieu que j'étais sotte ! J'étais en train de me repeindre le visage alors qu'en bas m'attendait l'homme que je venais de faire apparaître par miracle et qui, déjà, songeait peut-être à partir. S'il disparaissait, je ne m'en remettrais jamais. Je me coiffai rapidement, posai du gloss sur mes lèvres, claquai la porte et descendis à toute vitesse. Ouf ! Il était toujours là.

Nous reprîmes le tramway, debout, face à face. Je n'osai pas le dévisager et m'empêchai de le mitrailler de questions. J'avais ma dignité quand même ! Nous atteignîmes sa résidence, une barre de béton semblable aux vingt autres alignées à côté. Son appartement était composé d'une grande pièce avec un matelas à même le sol, d'une guitare adossée à la fenêtre, de deux piles de livres recouvertes de cartons à plat qui, ensemble, formaient une table, et d'une ampoule au bout d'un fil électrique qui se baladait de clou en clou. Le confort ne semblait pas être une priorité pour lui, ce qui me plaisait beaucoup.

Micha s'est assis et je me suis accroupie à ses côtés. Il se réchauffa les mains en se frottant les cuisses, saisit sa guitare et entama une ballade à mi-voix, tel le musicien au fond d'un restaurant qui veut répéter sans qu'on l'entende. Puis le ton devint de plus en plus fort et le rythme s'accéléra. Il dodelina de la tête et tapa du pied. J'observais ses mains veineuses et musclées lutiner amoureusement l'instrument et je m'imaginais ce qu'elles pourraient faire sur mon corps. Je fantasmais, les yeux fermés, pour mieux l'écouter. J'étais la femme la plus heureuse du monde.

Micha mettait en musique des poèmes de Nicolaï Goumiliev, un écrivain du début du XXe siècle, connu pour ses textes sur les voyageurs intrépides, les conquérants et les amours insensées. Il avait épousé en premières noces la grande poétesse du siècle d'argent, Anna Akhmatova. Mais la révolution eut raison de l'esprit libre de Goumiliev. Les bolcheviks le fusillèrent en 1921 pour avoir osé les traiter d'analphabètes.

À la guitare, Micha chantait les poèmes du dissident : « Que faire avant de mourir », « Fuir la ville vers les bois ». Je me sentais soulevée par un tourbillon d'émotions. La fièvre russe me compressait et je vibrais d'excitation. Je venais de pénétrer dans l'antre de la bête que je traquais depuis des semaines. Lentement, je me laissais séduire par son univers. Mon instinct avait eu raison. La musique de Micha, son aura, son odeur ; déjà, j'aimais tout de lui. Plus j'en prenais conscience et plus j'avais l'impression d'avancer sur un câble au-dessus du vide, mais je ne ressentais aucune peur de tomber. Le temps, cet ennemi des rendez-vous amoureux, s'accéléra. Les heures avaient filé, la nuit était là et l'éclat des lampadaires annonçait la fin de notre entrevue heureuse.

Micha me raccompagna. Une jeune fille ne saurait rentrer seule, surtout la nuit. Mes camarades de classe m'avaient souvent escortée avec un revolver Nagant dans leur sac à dos. Je me demandais comment ils se l'étaient procuré mais n'avais jamais osé leur poser la question. Micha me serra fort les mains devant la porte d'entrée. En ce temps-là, en Russie, on n'embrassait personne et surtout pas une étrangère. Il n'y avait pas de téléphone chez lui ; il prit mon numéro. Je redoutais ce geste car il signifiait que je devrais attendre son appel. Je m'imprégnai une dernière fois de son regard, le caressant des yeux et il sortit sur le palier, se retourna avec un sourire malicieux et entama sa descente. En le regardant disparaître, je savourais déjà le souvenir de nos premières heures. Je refermai la porte et poussai un grand soupir. À présent, je croyais aux miracles.

La complainte de l'Oural

Micha mit une semaine à me rappeler, ce qui me donna assez de temps pour tout détruire et tout reconstruire. Les jours suivant notre rencontre, les professeurs de mon université nous avaient envoyés dans un sanatorium au bord d'un lac gelé. Cette expédition faisait partie de mon programme d'études russes et je ne pouvais pas y échapper. Nous nous retrouvâmes catapultés sur les rivages d'un grand espace ouvert, enneigé et bordé de sapins. En arrivant, je me suis dit que je n'avais rien à faire là, mis à part creuser un trou et m'y jeter. Le lac opalin scintillait sous le soleil, moucheté d'une douzaine de pêcheurs assis sur leur cageot, la tête penchée au-dessus de l'ouverture taillée dans le marbre blanc. Ils attendaient le poisson ; moi, Micha. Eux, au moins, ils attrapaient quelque chose tandis que moi, je brassais sans cesse le vide. Je passai deux jours à errer ainsi sur le lac, à louvoyer au vent. Semblable à une boussole déréglée, je ne savais quelle direction emprunter.

En proie aux insomnies, je faisais la sieste dans le dortoir du sanatorium et rêvais de Micha. Son image s'imprimait partout : dans les nuages, les cristaux de neige et les traces de pas. Se doutait-il seulement de ce que je ressentais pour lui ? Au mieux, il ne savait pas quoi faire de moi. Au pire, il s'en moquait. Peut-être s'était-il dit qu'il n'y avait pas lieu de s'encombrer d'une Française qui balbutiait le russe et combattait la dépression ? Les hommes n'aiment pas les filles qui font la gueule. Je n'avais rien à lui apporter et trouvais les demoiselles russes irrésistibles, avec leurs battements de cils, leurs yeux azur et leur silhouette gracile. J'étais loin d'être une bombe. Mes amis m'avaient surnommée « castor à lunettes ». J'étais convaincue que la plupart des hommes cherchaient des filles pour s'amuser, pas pour faire la conversation. Qu'est-ce que je croyais ? Que Micha allait me faire la cour ? Et pourtant il y avait eu le miracle de son apparition dans le tramway qui me confortait dans l'idée de persévérer. Il fallait y croire. Micha allait m'appeler, de cela j'étais sûre. J'étais un fruit exotique, un kiwi pour le Sibérien. Il voudrait y goûter.

En 1995, Tcheliabinsk venait de s'ouvrir aux étrangers. Ses activités militaires l'avaient préservée des touristes pendant des décennies. J'étais l'une des premières Françaises à y séjourner. La ville avait été construite dans l'urgence par Staline. Des usines à tracteurs et des centres sidérurgiques géants avaient jailli en quelques années. Pendant la Grande Guerre patriotique de 1941-1945, Tcheliabinsk fut convertie en machine de guerre. Les ouvriers se mirent à fabriquer les missiles antiaériens « Katioucha » et les fameux chars T-34 qui firent à la fois l'envie et le malheur de la Wehrmacht. Pendant la guerre, Tcheliabinsk pris le nom de Tankograd. « Tout pour la victoire contre l'ennemi ! Tout pour le front ! » clamaient alors les affiches de propagande. Les travailleurs qui produisaient le plus de métal et de bombes étaient décorés comme des héros de guerre et leur photo publiée en première page du journal. Des années plus tard, les chars d'assaut de Tcheliabinsk répondaient toujours à l'appel. Ils avaient été reconvertis en monuments et rouillaient sur les places publiques, menaçant encore les passants de leurs canons désarmés.

À mon arrivée, Tcheliabinsk s'était débarrassée du communisme mais pas de ses attributs. L'Union soviétique s'était écroulée moins de quatre ans auparavant. « Gloire aux métallurgistes soviétiques ! Gloire au Parti communiste ! » pouvait-on lire dans ces immenses lettres d'acier qui dominaient en contre-jour la crénelure des toits. Les entrées administratives étaient ornementées d'un globe embossé de la faucille et du marteau, enserré par deux gerbes de blé. Lénine, lui aussi, était toujours là. Une dizaine de ses statues régnaient sur la ville. L'avenue principale avait été baptisée Lénine, comme partout en Russie. Elle coupait la chaussée des Komsomols, la rue Karl Marx et celle des Pilotes rouges. Tcheliabinsk était quadrillée de longues barres d'immeubles, séparées par des avenues larges comme des autoroutes. Les rayons des supermarchés étaient vides mais tout était prêt au cas où la guerre éclaterait. Personne ne semblait s'être aperçu que l'URSS n'existait plus et que les Russes n'avaient plus vraiment d'ennemis. Mais, au premier coup de feu, la ville pouvait se muer en base militaire en une nuit. L'avenue Sverdlovsk, avec ses quatre voies dans chaque sens, serait convertie en piste d'atterrissage en cas de défection de l'aéroport. Des locomotives à vapeur se tenaient au garde-à-vous aux portes de Tcheliabinsk si une panne d'électricité condamnait le réseau ferroviaire. Chaque usine, qu'elle fabriquât des tracteurs ou des réveille-matin, était programmée pour défendre la *rodina*, la mère patrie. Les cigarettes soviétiques Belomorkanal (canal de la mer Blanche) – 70 % de filtre en carton pour un tiers de tabac brun – avaient été calibrées sciemment au même diamètre que les balles de kalachnikov : 7,62 mm. La transformation des machines se faisait en quelques heures. Il suffisait de remplacer une série de pièces et de tourner quelques boulons. En période de paix, on tirait sur des Belomorkanal, en temps de guerre, sur des hommes.

Rien n'avait vraiment changé à Tcheliabinsk depuis 1950. Deux fois par semaine, des camions-citernes distribuaient du lait et de l'huile de tournesol place de la Révolution et il fallait faire la queue pour remplir ses bouteilles. Depuis l'écroulement de l'économie planifiée, le réseau de distribution alimentaire avait implosé : trop de dettes impayées et de banditisme. Certaines semaines, il y avait pénurie de fruits, d'autres de shampoing. Faire ses courses relevait pour ainsi dire de la chasse. J'achetais toujours des choses dont je n'avais pas besoin – au cas où – mais trouvais rarement ce que je convoitais.

Sur les marchés improvisés de Tcheliabinsk, les vendeurs étaient des ouvriers, des scientifiques ou des professeurs d'université, limogés la veille ou ne recevant plus de salaire depuis des mois. Ils s'étaient reconvertis en épiciers de fortune et vendaient à la criée paires de baskets, barres de savon et travers de porc. La grande mode du moment, c'était les cuisses de poulet congelées, les *Nozhki Busha*, ou « jambes de Bush. » Le président américain en avait bradé des tonnes à la Russie. Pilons congelés : symboles improbables de la fin de la guerre froide.

Depuis l'ouverture des frontières, de nombreux Russes faisaient des allers et retours en Pologne. Certains y vendaient des montres soviétiques et y achetaient des produits L'Oréal, du Paic Citron et des magnétoscopes qu'ils revendaient à prix d'or une fois rentrés chez eux. D'autres rapportaient de Chine des valises remplies de produits de contrefaçon, tels que des sacs Gucci, des vestes Armani ou des slips Calvin Klein. Petit à petit, les enfants russes ne mangeaient plus de chocolats de la marque Ourson du Nord mais des Mars et des Smarties. On ne se brossait plus les dents avec de la Pomarine, le dentifrice de Bulgarie, mais avec du Brite et du Colgate. Bref, tout s'enlaidissait.

Dans les années 1980, les premiers *spékoulianty*[1] allaient à Tallin ou à Riga pour troquer avec les Finlandais de la vodka contre des vêtements de marques occidentales. Déjà, les autorités soviétiques fermaient les yeux, moyennant quelques retombées financières.

1. Spéculateurs, terme soviétique à connotation négative désignant toute personne qui fait du *bizness*.

Pendant que les caisses de l'État se vidaient, les poches des nouveaux capitalistes se gonflaient. À travers le pays, les nouveaux barons de l'industrie russe, les fameux « oligarques » se bâtissaient un empire. Ils venaient de s'acheter des groupes pétroliers, des usines et des gisements de gaz pour une bouchée de pain. Ils dépeçaient la Russie comme un gibier tout juste abattu. Des hommes avec aussi peu d'expérience que de scrupules venaient de prendre les commandes de l'économie russe. On se doutait bien que les directeurs des usines piochaient dans la caisse. Sous prétexte que les temps étaient durs, que les commandes d'État avaient chuté, on ne payait plus les salaires. Mais personne ne protestait. Les Russes redoutaient la sanction. Les derniers camps du goulag avaient été fermés depuis moins de dix ans.

Pour survivre, certains ouvriers chapardaient les produits de leur propre usine et les revendaient au marché noir. Il n'était pas rare de voir, au coin des rues, des dames monnayer des cigarettes au centimètre. En fin de journée, elles glissaient sous leur manteau de longues tiges de tabac à la fabrique où elles travaillaient. Le client s'avançait : « Bonjour, je suis fauché. Combien pour trente centimètres de cigarette ? »

Si les usines ne versaient plus de salaire, certaines avaient trouvé une solution : payer les ouvriers en survêtements. Dans certains quartiers, tout le monde se promenait en tenue de sport.

Micha, lui, m'avait avoué qu'il vendait des livres dans la rue. La musique ne payait pas assez et la littérature faisait partie de sa vie. S'entourer de livres, c'est choisir ses amis, disait-il. Pour un homme élevé sous le régime soviétique, vendre des romans était moins dégradant que de faire commerce de chaussures Nike ou de jarrets de cochon.

Micha m'avait raconté qu'il lui fallait cinq minutes pour monter son stand, étaler ses livres et s'improviser libraire par moins trente degrés. Il vendait beaucoup de classiques aux étudiants mais sa table était aussi garnie de polars américains dont les Russes étaient d'autant plus friands qu'ils en avaient été privés.

Rentrée à Tcheliabinsk de mon week-end au sanatorium, j'ai longtemps attendu le coup de fil de Micha et tenté de penser à autre chose. Un matin, en route vers l'université, je fixais discrètement les ouvriers qui voyageaient à mes côtés dans le tramway. Ils avaient tous un teint d'ardoise et le regard sévère. J'imaginais leur pauvre vie, sans joie. Il m'était difficile de leur donner un âge car ils semblaient tous avoir déjà quarante ans. D'ici, la France ressemblait à un paradis. Et pourtant, pensais-je, le Français se plaint tout le temps, le Russe jamais.

Même s'ils ne gagnaient rien, beaucoup de travailleurs n'osaient pas quitter leur poste. Remplir son devoir permettait de préserver sa dignité. Toute leur vie, on leur avait asséné que s'enrichir était obscène et les slogans leur avaient martelé : « Le pays a besoin de vous ! Le travail fait d'un singe un homme ! » Ils se disaient qu'un jour, on leur payerait bien quelque chose, alors, en attendant, il valait mieux rester.

On se souvenait des beaux jours du régime communiste lorsque personne ne faisait ombrage aux autres et que chacun pesait le même poids dans la grande balance étatique. Alors, on vivait selon son cœur et ses moyens, et l'on s'entraidait. Avoir le nécessaire, c'était déjà beaucoup. Il ne fallait pas demander plus. À présent, la télévision réduisait le bonheur à une nouvelle voiture ou à une machine à laver. La femme russe encourageait son mari à changer de métier pour qu'il gagne davantage. Le pauvre bougre se voyait contraint d'accepter n'importe quelle besogne – honnête ou pas – pourvu qu'elle rapportât. La chute du régime avait déclenché une avalanche de divorces. Plus facile de changer d'épouse que de mentalité.

Passé un certain âge, les femmes russes se ressemblaient toutes, elles aussi. J'avais l'impression de saluer sans cesse la même en allant à l'université. La femme standardisée du Tcheliabinsk des années 1990 portait un foulard en laine sombre, un manteau épais et des bottes en feutre. On aurait dit une de ces paysannes de Malevitch. Le peintre suprématiste représentait les humains avec un triangle pour le corps, deux rectangles pour les pieds, un cercle pour la tête, une croix pour les traits du visage.

Quelques jours auparavant, j'étais assise sur un banc dans le parc de la Victoire, préparant un exposé sur Boris Pasternak. Un ouvrier de l'usine de chars d'assaut de Tcheliabinsk s'était joint à moi, un gaillard aux yeux pétillants. Nous avions bu une bière ensemble. Il m'avait raconté une histoire qui résumait, à elle seule, toute la Russie.

« L'année dernière à Nizhni Taguil (ville-usine de l'Oural où sont assemblés les tanks) les travailleurs n'ont pas perçu de salaire pendant dix mois. Le directeur se montrait rarement et, lorsqu'il apparaissait, il sortait d'une jeep aux vitres fumées, une voiture que peu de gens pouvaient s'offrir. L'un des employés, un ancien officier de l'Armée rouge devenu testeur de chars, s'appelait Vladimir. C'était un homme honnête et intelligent. Il avait honte de ce qu'était devenue la Russie, honte de son impuissance, et sa femme, elle aussi, se plaignait. "Les autres, regarde, ils font du business. Toi, tu ne fais rien, tu restes là, assis sur ta chaise. Tu n'es plus un vrai moujik." Un jour, ce fut le coup de gueule de trop. Vladimir partit pour l'usine comme d'habitude et grimpa dans un tank, le fit rouler et vérifia toutes les manettes. Une fois la procédure accomplie, au lieu de parquer l'engin dans le hangar, il sortit de l'usine et filant à toute vitesse, il laboura le bitume de l'avenue principale. Ensuite, il se planta devant l'immeuble de l'administration centrale. Il y parada en faisant fumer le char puis fit voler en éclats une fenêtre en tournant le canon, menaçant d'ouvrir le feu. Il fit pivoter la tourelle et le canon fracassa une autre fenêtre, puis il s'en prit de la sorte à tout le rez-de-chaussée. On appela les forces spéciales, les gardes de l'Omon, mais ils ne parvinrent pas à l'arrêter. Vladimir rentra chez lui, laissa sa porte d'entrée entrouverte, se servit un verre de vodka et dit calmement à sa femme: "Prépare-moi un sac, on va m'emmener." Cinq minutes plus tard, les forces spéciales déboulaient et il fut menotté et écroué. Les jours suivants, les travailleurs de l'usine manifestèrent quotidiennement. Ils balancèrent des bouteilles aux fenêtres de l'administration pour que les autorités libèrent Vladimir et paient leurs salaires. Vladimir était devenu un héros. Trois semaines plus tard, l'administration le relâcha, le directeur de l'usine fut remercié et les salaires furent versés. Vladimir n'écopa que d'un an de prison probatoire pour “hooliganisme”. Cette histoire a fait le tour de toute l'industrie de l'armement. Évidemment, pas une ligne sur cette affaire dans les journaux. »

Le soir tombait sur le parc. Nous ouvrîmes une deuxième bière et l'ouvrier ajouta : « Le gouvernement pense que nous sommes idiots. Mais nous ne sommes pas des abrutis, nous voyons tout, analysons tout et attendons notre heure. »

À Tcheliabinsk, la plus haute autorité criminelle était constituée des chefs de la milice. Ils travaillaient main dans la main avec les voyous et se faisaient payer une commission. Dans l'univers post-soviétique, comme dans la jungle, il régnait un ordre immuable, une hiérarchie. La chaîne alimentaire se résumait ainsi : en bas les ouvriers qui se faisaient exploiter par leurs patrons, au milieu les patrons qui se faisaient racketter par les voyous, plus haut les mafieux qui se faisaient escroquer par les huiles de la milice et, au sommet, la milice qui rendait des comptes au gouvernement local. Chaque strate était ainsi contrôlée. Très vite, le Russe comprenait qu'il lui était impossible de gagner sa vie honnêtement. Tout business impliquait combines, pots-de-vin, pactes et entourloupes. Les plus scrupuleux se faisaient avoir par les véreux. L'ivresse de la richesse, un sentiment qui fut presque inexistant pendant soixante-quinze ans de communisme, avait éveillé les pires démons, brisé toute forme de droiture morale et étouffé toute conscience. Pour faire des affaires avec un Russe, il fallait s'imaginer en scorpion et dire : « Si tu me piques, je te pique. » Inutile de sortir la rengaine de l'Occident qui prévalait à toute transaction : « Ensemble nous serons plus forts et, un jour, un plus un feront trois. » Ce précepte ne marchait pas ici. En Russie, si je m'enrichis, c'est parce que je te prends quelque chose, que j'ai trouvé un moyen de rouler les autres auquel personne n'a encore pensé. Comment s'étonner alors que les Russes cultivaient une si grande nostalgie du communisme ?

Le capitalisme sauvage de ce pays m'évoquait celui de l'Amérique des années 1920. Les types des gangs de Chicago et de New York seraient passés pour des tendres à côté de ceux des bandes de l'Oural. Aux États-Unis, les shérifs enfermaient quelques gangsters de temps à autre. Ici, il y avait peu d'espoir.

Sur l'échelle de la violence, les bandits tchétchènes battaient les records. Ceux-là tuaient avant de parler. Leur chef, Rouslan, était une légende vivante. Couvert de bijoux, il était le seul à se balader en limousine blanche, perroquet sur l'épaule, entouré de top models. Lorsqu'ils voulaient s'expliquer avec les Russes, les Tchétchènes leur donnaient rendez-vous. À deux kilomètres du lieu de rencontre, les Caucasiens attendaient, bazooka sur l'épaule, et ouvraient le feu sur la voiture. Ainsi, ils étaient sûrs d'avoir le dernier mot. Ils s'enrichissaient auprès des commerçants musulmans, extorquaient les vendeurs de fruits ouzbeks ou kazakhs, les producteurs de miel de Bachkirie et les fromagers kirghizes. Ils avaient le vice exotique.

Un jour, dans une ville voisine de Tcheliabinsk, des voyous russes en eurent assez des bandits tchétchènes. Ils n'étaient plus maîtres chez eux. Ils convainquirent l'administration de les chasser et distribuèrent aux passants des prospectus avec ces mots : « Réveillez-vous ! Assez de supporter ces basanés. Il faut s'en débarrasser. Vous devez arrêter de leur acheter des fruits et légumes. Ce sont des dealers qui vendent de la drogue à vos enfants. » Les gens suivirent les consignes. Certains détruisirent des *kiosks*. Sommés par les Tchétchènes de tirer l'affaire au clair et de régler leurs comptes, les Russes craignirent de finir pulvérisés et se procurèrent un char d'assaut. Les journalistes écrivirent qu'ils l'avaient volé. Les malfrats tchétchènes comprirent qu'ils devaient partir. On ne les revit plus jamais.

Les Russes étaient soumis à une expérience inédite depuis l'échec du communisme. Ils me faisaient penser à des souris de laboratoire dont on testait l'endurance face à une forme d'anarchie extrême. Il s'agissait pour eux de survivre dans une société où tous les coups étaient permis. Il était impossible de se laisser aller ou de faire confiance. On ne pouvait compter sur rien ni sur personne, il fallait vivre à la seconde et accepter l'inconnu. La peur de l'autre était constante. Dans cette Russie-là, j'étais même arrivée à douter de la bienveillance du genre humain.

Mais l'Oural des années 1990 était aussi l'un des seuls endroits au monde où les plus folles ambitions trouvaient leur place et où les rêves les plus insensés étaient encouragés. Cet endroit me révulsait autant qu'il me fascinait, il m'effrayait et me rassurait en même temps. La transition de Paris à l'Oural m'avait fragilisée, pourtant je me sentais plus forte que jamais. Marcher au bord du précipice avait insufflé à chaque minute une intensité rare. Il n'y avait que la peur qui pouvait me faire tomber, or je n'avais aucune crainte. Le vertige était devenu un ami. Je m'apprêtais à me jeter dans les bras d'un homme dont je ne savais rien. Plonger dans le vide m'offrait un rare moment de vérité.

Il y avait huit jours que j'attendais en vain le coup de fil de Micha. Je commençais à déprimer quand le téléphone sonna. Il me donna rendez-vous le soir même à proximité de Tcheliabinsk. C'était là que se retrouvaient les bandes pour les explications viriles. Je me mis en route et descendis à l'arrêt de bus, aux portes de la forêt, comme convenu. Je trépignais à l'idée de retrouver mon inconnu. Il n'y avait plus que cela qui comptait. Électrisée par les impulsions de mon cœur, je flageolais sur mes jambes. Micha apparut, flanqué de trois copains, les bras chargés de bouteilles de bière. Avait-il voulu s'entourer pour ne pas se retrouver seul avec moi ? Ou souhaitait-il tout simplement me présenter à ses amis ?

Nous nous enfonçâmes dans une forêt de mélèzes jusqu'à ce que se dissipent les clameurs de la ville. Micha nous mena dans son repaire favori, une clairière au milieu des bois. Nous nous assîmes sur des billots et dînâmes de chips et de bière autour d'un feu de camp. Ses amis musiciens se montraient galants et chaleureux. Ils devaient avoir vingt et un ou vingt-deux ans et me mitraillaient de questions. Quels concerts avais-je vus et quels artistes connaissaient le succès en Europe ? Que faisaient les jeunes pour s'amuser et où allaient-ils en vacances ? Je ne souhaitais pas m'engager pour tout un peuple, ni dérouler des généralités qui aplanissent la réalité. J'avais un public facile. Ces garçons n'avaient jamais rencontré de Française et je passai la soirée à leur raconter comment les jeunes Parisiens tuaient le temps les mois d'été en refaisant le monde, agglutinés aux terrasses des cafés. Je leur citais Sacha Guitry pour qui « être Parisien, ce n'est pas être né à Paris, c'est y renaître ». Je frôlai parfois Micha du bout des yeux. Il ne semblait pas beaucoup s'intéresser à moi et prenait plus de plaisir à écouter les blagues de ses copains qu'à me prêter l'oreille.

La vie parisienne me paraissait bien loin, sous les rameaux sibériens, à respirer l'air résineux et la fumée de bois. Je tentais de charmer Micha en faisant rire ses amis. L'humour était l'élixir de ma dernière chance. Ce rockeur me faisait travailler dur pour gagner son cœur. De toute façon, les hommes qui tombaient facilement dans mes bras n'y restaient jamais longtemps. Peu avant minuit, les garçons me raccompagnèrent. Micha me serra la main et ils repartirent en chantonnant. Une fois encore, je devrai attendre le coup de téléphone de mon musicien.

L'agonie ne dura que vingt-quatre heures. Micha me rappela dès le lendemain et me proposa d'aller *goulyat*. Ce verbe russe signifie sortir avec quelqu'un au sens amoureux du terme, mais il veut dire aussi se promener, flâner, s'oublier. On va goulyat pour se sentir seul, s'évader, échanger quelques confidences à l'ombre d'un arbre, loin de ses parents ou de ses amis encombrants. Quand on n'a pas un sou vaillant, on a encore ses jambes. Certaines familles à Tcheliabinsk vivaient encore dans des appartements communautaires partagés entre deux, cinq, parfois huit familles. La promiscuité était permanente. Micha et moi écumâmes tous les jardins de la ville en une soirée. Il me cueillit des fleurs, me récita des poèmes, me raconta des *anekdotes*, passe-temps favori des Russes qui consiste à relater les histoires les plus improbables avec un semblant de morale en guise de chute. Soudain, Tcheliabinsk, mégalopole sidérurgique, usine de chars d'assaut, avait gagné à mes yeux une dimension singulièrement romantique. J'adorais ce mélange de poésie, de musique et de sensibilité exacerbée, sur fond de déglingue industrielle.

Micha ne tenta rien de toute la soirée et nous arrivâmes au pas de ma porte. Il plongea son regard dans le mien, y lut mon ardeur, s'approcha de moi et posa délicatement ses lèvres sur les miennes. Il me regarda, les yeux brûlant de liesse et, dans un mouvement de hanche, il s'esquiva sur le côté et se mit à marcher en me criant « à très bientôt » avant de disparaître dans le noir.

J'allais vivre avec lui la plus belle aventure de mon existence. Micha m'apprendrait à subsister sans argent, à me satisfaire de peu, à boire de la bière au petit déjeuner, à passer des nuits blanches, roulée en boule dans un coin, à l'écouter jouer ou composer. Il m'inviterait dans son jardin musical et je me laisserais bercer par ses vibrations. Micha me ferait découvrir les joies et les déceptions des pulsions créatives et le pèlerinage des festivals de rock dans l'Oural. Je chanterais sur scène, moi qui n'ai pas de voix. Nous dormirions sous des arbres, sur des planchers, sur des bancs publics. Nous serions des esprits libres, vivant chaque minute comme si elle était la dernière. Je rencontrerais des âmes généreuses, me ferais de nouveaux amis. Nous avalerions des kilomètres sans savoir ce qui nous attendait. J'en oublierais parfois d'où je venais, me sentant en harmonie avec tout ce qui m'entourait et ce que je vivais. Nous nous baignerions dans les lacs environnants soi-disant radioactifs, mais qu'importe. Nous dînerions de saucisses cramées sur des feux de camp, nous nous endormirions sous les étoiles, bercés par les feuillages. Nous nous nourririons de pommes de terre rissolées du jardin de sa grand-mère. J'aurais le privilège d'assister à la naissance d'une chanson, lorsque les instruments entrent en transe, dialoguent entre eux puis s'entendent sur un refrain, un rythme et des accords. Je partagerais les tensions du groupe, leurs colères et leurs étreintes. Trois mois de bonheur, de magie. Dans ma vie, il y aurait un avant Micha et un après.

Mais ce garçon me ferait connaître aussi la solitude de la compagne du musicien. Aussi forts que soient les sentiments, aussi intense que soit la passion, la fille passe toujours après l'œuvre. Est-ce qu'une femme, qu'elle soit musicienne, peintre ou poète, sacrifie plus difficilement son cœur sur l'autel de l'art qu'un homme ?

Pour Micha, je repoussai mon départ aussi longtemps que possible. Un jour, je fus contrôlée par la milice. Mon visa était périmé depuis des semaines. On me menaça et me cracha des insultes à la figure. Je devais immédiatement quitter la Russie et rentrer en France. Je passai la soirée au poste. Micha m'attendit en vain, sur un banc dehors. La milice ne le laissa pas m'approcher. On m'escorta jusqu'à l'aéroport où l'on me força à acheter un billet pour Paris via Moscou. Je partis sans dire adieu. Je n'allais plus jamais le revoir.

Nous nous écrivîmes. Je lui envoyai les lettres les plus sincères de mon existence. Nous vécûmes au rythme de ces échanges pendant des mois. Micha me répondait régulièrement. Puis le temps entre nos missives s'espaça. Au bout d'un an, je ne reçus plus de réponse. Je réitérai avec une autre lettre, mettant le silence de l'être aimé sur le dos de la poste russe. Puis je me fis une raison. Les cœurs n'attendent pas. Ils passent à autre chose.

Rien de plus redoutable qu'un amour inachevé. Il vous hante, il vous rend visite sans prévenir, par vagues, par cycles. Les souvenirs ont leur propre vie, leur voix. Impossible de les faire taire. Un jour de printemps, bien des années plus tard, je décidai de leur répondre.

Le retour

Mon histoire avait commencé dans un tramway. Quinze ans plus tard, elle se poursuit dans un train. C'est toujours sur des rails que les grandes lignes de ma vie se croisent et se décroisent. Je suis dans le même tortillard qui m'avait conduite à Tcheliabinsk en 1995.

Comme la ville a dû changer ! Micha aussi, je pense. Je les ai connus tous les deux si soviétiques. J'imagine mal Micha, musicien ascète et, Tcheliabinsk, bastion communiste, portant haut les couleurs de la nouvelle Russie, pays où à présent l'argent dirige tout. Les réformes de Moscou ont dû traîner avant d'atteindre l'Oural. À quoi ressemble la Tcheliabinsk d'aujourd'hui ? Le vice, l'anarchie et la précarité y règnent-ils toujours en maîtres ? L'air y est-il devenu respirable, l'eau potable ? Nous sommes en juin 2010, quelque part sur le tronçon ferroviaire entre Moscou et Samara, sur la route de l'est. Je meurs d'impatience de revoir cet endroit et de retrouver Micha. Lorgnant constamment ma montre, je ne retiens rien du défilement des bouleaux et des isbas entrecoupées de jardins clôturés et de barres d'immeubles. Le rideau de la nuit ne se décide pas à tomber et ce train n'avance pas. Il mettra trente-huit heures à parcourir les mille huit cents kilomètres qui séparent Moscou de Tcheliabinsk et je n'en suis qu'à la fin de ma première demi-journée. Un bulbe d'église jaillit parmi les toits hérissés d'antennes. La croix orthodoxe en son sommet me rappelle celle que Micha portait autour du cou. Il ne la montrait jamais. Sous le régime communiste, il était interdit d'afficher sa foi et, comme beaucoup de Russes ayant grandi sous cette autorité, Micha n'avait jamais abandonné ses précautions avisées.

Avec les années, cet homme a pris un caractère fabuleux dans mon esprit. Nous ne nous sommes jamais revus après mon départ précipité et, depuis, son souvenir n'a cessé de me tourmenter. De quoi Micha vit-il aujourd'hui ? Est-il marié, heureux, avec des enfants ou divorcé cinq fois, alcoolique, traînant son désespoir de Russe, d'histoires d'amour impossibles en virées de copains destructrices ? Peut-être est-il mort, tué par la vodka ? De mon côté, pas de mari, pas d'enfant, personne ne me retient, personne ne m'attendra au retour. Une bonne situation pour l'aventure. Au moment où j'embarque sur le vol Paris-Moscou j'ai l'impression de sauter dans une piscine sans savoir s'il y a de l'eau dedans. Je chéris ces instants. Ils me nourrissent. J'en ai vécu trois dans ma vie : lors de mon premier départ pour la Russie en janvier 1995 où j'avais peur qu'on m'interdise l'entrée du pays, en 2007 lors de mon test technique de slalom pour devenir professeur de ski – que je n'ai jamais réussi – et en 2008 pour ma première escalade en tête sur une paroi vertigineuse. Aujourd'hui, j'ai décidé de faire un pas dans le vide au-dessus du parapet de l'Oural.

Deuxième jour de train. Mon regard balaie la steppe ondulée. Je pense aux nomades d'avant notre ère. Ils ont dû croiser dans ces parages. Les routes ne sont jamais tracées par hasard mais dictées par les impératifs du ravitaillement ou par l'obligation d'atteindre un havre. Les tâtonnements de nos ancêtres furent le prélude de nos grands axes. Si je ne retrouve pas Micha, je poursuivrai ma route – le cœur léger ou bien lourd – et réaliserai un autre rêve : parcourir l'Oural du sud au nord avec Tcheliabinsk comme point de départ. Cette chaîne qui s'étend sur plus de deux milles kilomètres, de la mer de Kara aux steppes du Kazakhstan, ce carrefour des mondes, m'aimante autant que le souvenir de Micha. En me lançant dans ce voyage à la verticale du monde, il s'agira pour moi d'éprouver une théorie. Les montagnes offrent un refuge naturel à tous ceux qui veulent se cacher, fuir les persécutions, vivre loin de la ville et des hommes. L'Oural se dresse telle une muraille au milieu des plaines. Des familles, peut-être même des clans, des ethnies oubliées, y subsistent encore, volontairement coupés du monde. Existe-t-il une, ou plusieurs civilisations de l'Oural ? Sont-elles païennes, chrétiennes, musulmanes ou bouddhistes ? Ont-elles préservé des traditions ancestrales ?

Depuis mon enfance, je nourris une passion pour les peuples premiers tels que les Inuits. Je m'instruis auprès d'eux. Grâce à des séjours de plusieurs mois dans l'Arctique russe, j'ai appris à connaître les Nenets, derniers éleveurs de rennes de Sibérie. Je me suis imprégnée de leur culture, de leurs croyances et de leurs traditions[1]. L'homme de la toundra a préservé une relation intime avec le sacré, la nature et les éléments, que nous possédions autrefois mais que nous avons perdue au nom du progrès, de la science et du confort matériel. Je me demande si d'autres peuples comme les Nenets subsistent encore, cachés dans les replis de l'Oural, préservés de la folle course du monde.

Les habitants de l'Oural descendent des premiers Indo-Européens. Plusieurs nations fondatrices de civilisations modernes se sont mélangées dans son creuset. Toutes les grandes migrations s'y sont chevauchées. L'Inde y a rencontré l'Europe dans un frisson, l'Asie a serré la main de la Perse. Les Scythes et les Sarmates y ont régné pendant des siècles. Les steppes de l'Oural ont toujours été foulées par des hordes de nomades. Dans ces plaines rabotées par le vent, la neige ne tient pas, permettant aux bêtes d'accéder aux herbages. Les Bachkirs sont l'un de ces peuples d'origine turcique, des éleveurs de chevaux et de vaches. Plus au nord subsistent en petit nombre d'autres minorités telles que les Khanty, les Mansis, les Komis et les Oudmourtes. Peut-être rencontrerai-je aussi des ermites ? Je pars explorer cet axe mythique avec l'espoir d'y trouver

1. De ces voyages, j'ai tiré un récit, *Au bord du monde, une vagabonde dans le Grand Nord sibérien*, publié aux éditions Robert Laffont en 2010.

des survivants de civilisations effacées par le temps, piétinées par la marche de l'Histoire.

L'Oural, dans l'esprit des Européens, est synonyme de frontière. Pour le général de Gaulle, l'Europe s'étendait de l'Atlantique à l'Oural. Cette crête, qui marque la fin des prés carrés d'Europe et le début de la Sibérie, m'attire depuis toujours. Selon moi, l'Oural n'est pas une ligne de séparation mais un trait d'union. Cette dorsale hercynienne, écrasée par endroits, est le fruit de chevauchements entre plusieurs plaques continentales. Il y a 250 à 300 millions d'années, l'Europe du Nord ainsi qu'une partie de ce qui est aujourd'hui le Kazakhstan et la Sibérie se sont télescopés. Le choc souleva des chaos formidables et déposa dans les gouffres des trésors insoupçonnés. Les entrailles de l'Oural foisonnent de ressources minières. La chaîne montagneuse sert de coffre-fort à la plus belle collection de minéraux au monde. Sous ses arbres, ses mousses et ses lichens, on trouve des pierres précieuses ainsi que des composites uniques tels que l'alexandrite. Cette pierre rare, qui doit son nom au tsar Alexandre II, change de couleur selon la lumière. Je ne crois pas beaucoup à la lithothérapie mais je pense que les pierres de l'Oural me feront du bien, à moi fille du calcaire parisien. Peut-être même me guériront-elles de Micha.

À travers la fenêtre du wagon, la steppe ondule. Trois vaches ruminent en haut d'une colline. Au loin, des meules de foin absorbent le soleil. Une rangée d'isbas en rondins résiste au temps. Comme lors de mon premier voyage, je cherche les montagnes. Pas une éminence, pas une herse à l'horizon. La chaîne de l'Oural serait-elle souterraine ? Lui roulerions-nous dessus ? Ses pics grandiraient-ils à l'envers du monde, vers le bas, vers le centre de la terre, comme dans un roman de René Daumal ? Cela lui donne une dimension encore plus mystique. J'interroge la *provodnista*[1] du train.

– La voie ferrée passe sur un plateau, m'explique-t-elle. Nous sommes en altitude mais cela ne se voit pas.

Je préfère mon interprétation.

Je partage mon compartiment avec une étudiante russe discrète et lissée. Nos regards ne se croisent jamais, ce qui m'arrange car je ne suis pas d'humeur loquace. En deuxième classe, tout le monde se parle. En première, le voisin est une intrusion. Je jouis de mes derniers instants de confort avant de me jeter dans la gueule de l'Oural.

Le soleil couchant roussit les plaines mais sa douce lumière ne réussit pas à apaiser mon cœur. Nous serons à Tcheliabinsk demain. Peut-être vais-je revoir Micha dans quelques heures ? J'aimerais tant que nos retrouvailles soient joyeuses, qu'il n'ait pas changé, qu'il trouve que moi non plus, et que notre dialogue reprenne comme s'il n'avait jamais été interrompu.

Grâce à lui, je suis devenue un être plus libre. Notre rencontre m'a aidée à tracer mon sillon loin des regards, à me détacher des choses matérielles et à rejeter les pressions sociales du microcosme parisien dans lequel je suis née. Micha m'a fait comprendre la suprématie de la

1. L'accompagnatrice.

volonté sur la possibilité des choses. Bien que notre amour ait été souffrance – il n'était pas facile de vivre avec un artiste qui par moments oubliait mon existence – la douleur était caresse. Elle me rappelait que j'avais un cœur. C'était l'une des premières fois que j'avais choisi un homme et que je ne m'étais pas laissée harponner – comme cela se passait souvent. Par la suite, j'ai compris que les amoureux qui vous choisissent sont rarement les bons. Peut-être vaut-il mieux être chat que souris ?

Bien sûr, il est possible que Micha se moque totalement de me revoir. Je vais peut-être même le déranger. Et s'il était devenu vilain, épaissi par l'alcool et la déprime ? J'aurais du mal à le supporter. Si je reviens à Tcheliabinsk pour retrouver une partie de moi, je dois m'attendre à en repartir blessée. Si Micha est hostile à nos retrouvailles, s'il me fait du mal, un pilier de ma vie s'écroulera et je flanquerai les décombres dans ma vieille malle à souvenirs. Si je ne le retrouve pas, au moins, je ne serai pas déçue. Je ne dois pas faire comme ma grand-mère allemande, Ruth. Cinquante ans après la chute du mur de Berlin, elle a souhaité revoir sa demeure familiale dans le Mecklembourg, l'ex-RDA. Ruth a vécu dans cette maison, où mon père est né, jusqu'à ce que sa famille en soit expropriée par les Soviétiques en 1945. Après la mort de son mari, à la fin de la guerre, Ruth et ses trois enfants sont passés à l'Ouest, ont immigré à Montréal et ne sont jamais revenus vivre sur le Vieux Continent. Ruth, une main ferme dans un gant de soie, rêvait de revoir ses terres ancestrales après 1989. Ma grand-mère savait que sa demeure au toit triangulaire surdimensionné – comme le sont ceux de toutes les maisons du nord de l'Allemagne – avait été convertie en neuf appartements communautaires et commençait à s'affaisser. En chemin, à vingt kilomètres du but, elle pressentit le choc de la confrontation à la réalité et fit demi-tour. Elle ne reverrait jamais les parcs et les jardins où il faisait si bon se promener, les soirs d'été, au bras de son époux chéri. Il valait mieux préserver ses souvenirs. Grâce à eux, elle avait survécu à la guerre et aux vagues de détresse d'une veuve esseulée. Moi non plus, je ne devrais peut-être pas chercher à ressusciter Micha. La mémoire est un terrain miné, un parcours à haut risque dont l'issue peut être fatale.

Les deux accompagnatrices du train m'accablent de mises en garde. Je suis une tête brûlée, disent-elles, totalement inconsciente de voyager seule. Quinze ans que je vagabonde en Russie et toujours la même rengaine. Tcheliabinsk est infestée de voyous qui ne feront qu'une bouchée d'une petite étrangère comme moi. Je leur réponds que je n'ai pas l'intention de tenter le diable. Je ne suis pas venue prouver mon courage et j'ai prévu d'adopter une silhouette androgyne pour ne pas attirer les regards.

« Tcheliabinsk, terminus du train ! » Il est huit heures du matin. Dehors, le soleil irradie et le bleu du ciel tente de me convaincre que la journée sera belle. Habillée en jean de la tête aux pieds, mes longs cheveux blonds noués sous une casquette, je saute du train, sac à dos sur les épaules. Première impression : beaucoup plus de voitures, de bruit, de vie, de couleurs, de lumières qu'il y a quinze ans. Au revoir les « Gloire aux métallurgistes ! », « Vive les tractoristes ! » Des pancartes hurlent « Vivez plus vite ! », « Succombez au pouvoir des rêves ! ». Les annonces publicitaires de Samsung et Honda ont détrôné les slogans communistes. La voix du capitalisme retentit à travers la ville. Je suis perdue. Des taxis jaunes attendent à la sortie de la gare. Je n'en avais jamais vu en 1995. Je saute dans l'un d'eux et me dirige vers la rue piétonne où l'on m'a recommandé un hôtel. Je passe devant des boutiques de lingerie fine et de chaussures italiennes. Un magasin vend du Lanvin et du Ferragamo. Les femmes de mafieux représentent un marché d'avenir pour les marques de luxe.

Sur la rue piétonne, des baffles hurlent des pubs et de la pop. On se croirait à la foire du Trône. Je rejoins mon hôtel, prends la première chambre et m'étends sur le lit quelques minutes. Je vis un rêve éveillé. Tcheliabinsk est devenue une autre ville. Je sens déjà que mon passé s'efface et regrette d'être venue, mais je me suis promis de retrouver Micha et ne peux plus reculer. Point de départ : sa mère, Tatiana Mikhaïlovna. « Cherchez la mère, vous trouverez le fils. » Je compose le numéro de Tatiana que j'ai conservé, méticuleusement recopié de carnet en carnet. Personne ne répond. J'ai toujours son adresse, rue des Héros de Tankograd. Rapidement, je reconnais la carcasse de sa résidence, un carré de ciment ouvert sur de larges balcons. Je pousse la porte d'entrée et cours à l'étage. L'odeur de pisse de chat me saute à la gorge ; elle me serait insupportable si elle ne me rappelait pas d'aussi bons souvenirs.

Je sonne. Personne. Je m'assieds sur le tourniquet rouillé d'un terrain de jeux. Deux heures plus tard, Tatiana apparaît. Elle n'a pas changé, même allure, les mêmes cheveux noirs bouclés et ce nez aquilin qu'elle a donné à Micha. Elle ne me remarque pas. Je la laisse monter chez elle tranquillement.

Je suis en train de faire les premiers pas vers les retrouvailles. Je peux encore tout arrêter et rebrousser chemin. Une fois chez sa mère, Micha saura que je suis venue. Tatiana Mikhaïlovna ouvre la porte en baissant la tête, comme si elle ne voulait voir personne.

Puis elle me regarde en plissant ses yeux de vieux chat.

– Astrid ! Que fais-tu là ? Ça alors !

– Je suis arrivée de Paris ce matin.

Je ne veux pas lui parler de Micha tout de suite. Elle m'invite à m'asseoir dans sa minuscule cuisine et me sert une tasse de thé.

– Tu viens voir Micha ?

– Non, non, je suis de passage.

– Pourquoi es-tu ici ?

– Je suis venue explorer l'Oural.

– Ah ! C'est un beau projet. Notre région est bien méconnue, même de nous qui y avons passé toute notre vie. Tu comptes rester ici longtemps ?

– Je ne sais pas.

– Veux-tu les coordonnées de Micha ?

– Oh ! Pourquoi pas. Comment va-t-il ?

– Il va bien. Il joue toujours, compose des ballades et travaille de temps en temps comme ingénieur du son, lorsqu'il y a des festivals ou des concerts dans la région. Il vit chez moi en ce moment mais je ne le vois presque jamais. Le mieux, pour le joindre, c'est de l'appeler sur son portable. Sinon, aucune chance. Il apparaît de façon impromptue, souvent tard dans la nuit.

Micha doit avoir la quarantaine. Je ne l'imaginais pas installé en famille.

– Micha est le papa d'une petite Anastasia qu'il a eue avec une actrice. Elle a cinq ans déjà. Adorable. Nastia vit chez sa mère. Je la prends chez moi de temps en temps pour que Micha puisse passer des après-midi avec elle.

– Ah… Et il s'entend bien avec elle ?

– Avec qui ? Avec Nastia ? Ils s'adorent. Avec Katarina, sa femme, c'est plus compliqué.

– Je vois.

Elle me tend un bout de papier avec le numéro de Micha. Nous discutons encore un long moment. Tatiana est professeur de piano au collège de Tcheliabinsk et gagne quatre-vingts euros par mois. Bientôt, elle devra se contenter d'une retraite de cinquante.

– Il n'y a pas assez d'étudiants pour remplir les classes de musique alors on va avancer ma date de départ en retraite. Les jeunes aujourd'hui n'ont plus qu'une ambition : gagner de l'argent. Ils veulent tous devenir chef d'entreprise. Il n'y a plus de place ni de moyens pour l'art. Avant, on récitait Gogol, Bounine, Lermontov et Pouchkine au doigt levé. Aujourd'hui, les jeunes ne savent plus rien. Je blâme nos dirigeants. Le maire de Tcheliabinsk ne pense qu'à construire de nouvelles routes, l'une des promesses électorales de Poutine. Depuis dix ans, il a supprimé presque tous les festivals de musique classique et de jazz de notre région. C'est accablant !

Tatiana ne voit pas beaucoup de monde. Micha ne lui raconte pas non plus ce qu'il fait. Il lui saute dessus lorsqu'elle lui pose trop de questions.

– Ce n'est pas facile tous les jours. Mais je suis heureuse qu'il habite avec moi. À quoi ça sert de dépenser de l'argent pour louer un appartement quand il y a de la place ici. Quand mon mari est mort, il y a deux ans, Micha est venu m'aider et il n'est jamais reparti.

– Il vous aime beaucoup.

– Oui, je crois.

Je prends congé de Tatiana et lui promets de revenir la voir. Je m'assieds sur un banc pour appeler Micha.

– Bonjour, c'est Astrid.

– Quoi ?

– C'est Astrid.

– Ah ! Astrid. Oh… Incroyable. Comment tu vas ?

– Bien.

– Tu m'appelles d'où ?

– De Tcheliabinsk.

Je n'ose pas lui dire que je suis en face de l'appartement de sa mère.

– Tu restes longtemps ?

– Je ne sais pas.

– Je suis un peu occupé maintenant mais, si tu veux, on peut se retrouver plus tard. Que dirais-tu de dix-neuf heures près de la statue de Chostakovitch ? Tu sais, celle à côté du pont, au bord de l'eau, en face du DramThéâtre.

– Oui, oui, je vois très bien.

– À tout à l'heure donc. Salut.

– Salut.

Je n'en reviens pas. Notre conversation a été si simple et fluide. Je m'étais conditionnée à une épreuve beaucoup plus rude. À présent, je redoute des retrouvailles banales. Les moments importants ne se passent jamais comme on se les imagine. On s'attend toujours au pire et, bizarrement, on est aussi soulagé que déçu si tout se passe comme on le voulait. Chacun est vraiment son pire ennemi.

Je saute dans le premier tramway en direction du centre. Un après-midi à tuer. Malgré son lourd passé communiste, Tcheliabinsk est devenue une ville russe moderne comme les autres, avec les mêmes centres commerciaux et les mêmes *bimbos* aux cheveux peroxydés. De hautes tours de verre ont remplacé les blocs brejnéviens. Lénine, lui, est toujours à son poste, place de la Révolution, une page de discours à la main. En 1995, Vladimir Ilitch avait les yeux tournés vers les quartiers généraux du *Raïkom*, le comité central du parti communiste de la région. Aujourd'hui, il regarde les étudiantes se badigeonner de baume à lèvres Bourjois et dépenser leurs économies au magasin de cosmétiques Île de Beauté.

Le temps s'électrise et l'heure devient rouge. Notre rendez-vous approche. J'achète deux bières pour Micha et moi. Nous les boirons en marchant, comme au bon vieux temps, du moins, l'espéré-je.

J'atteins le fameux pont et la statue de Chostakovitch. Il est sept heures moins dix. Je me place à quelques mètres. Je n'ose pas regarder autour de moi. Je pourrais déjà le voir. Un homme marche sur le pont. Ce n'est pas lui. Un autre le suit de loin. J'attends qu'il s'approche. Ce n'est toujours pas lui. Je traverse la rue pour me cacher derrière un pan d'immeuble. Je sautille sur une jambe tellement je suis fébrile. Micha surgit de nulle part et se plante là où il a promis. Il porte des lunettes, des jeans et une chemise blanche. Avec ses cheveux bruns coupés très courts, il parait le même qu'il y a quinze ans. J'hésite à me dévoiler. Moment de vérité, de lucidité. Chaque pas vers lui détruira le rêve. Suis-je bien sûre de mon affaire ?

Je n'arrive pas à me décider. Micha s'est assis au pied de Chostakovitch. J'ai peur qu'il m'ait vue, tapie derrière le mur. J'ai envie de m'enfuir. Mes jambes sont prêtes à courir. Je n'ai qu'à donner l'ordre. Je suis terrorisée. Combien de temps vais-je le faire attendre ? Cinq minutes ou toute la vie ? J'ai tant rêvé de ce moment. Maintenant, je voudrais l'annuler, oublier que je l'ai tant désiré. Je me sens en territoire interdit, réservé au passé. Mon instinct me dit que c'était une erreur de venir ici, mais il me faut la vivre jusqu'au bout. Je regarde le ciel, mes chaussures et je me lance.

Micha sourit en me voyant. Je prie pour qu'il ne m'ait pas vue sortir de ma cachette. Je me sens ridicule. Il m'accueille avec des yeux doux. Nous nous regardons un long instant, chacun le même sourire timide.

– Salut, dit-il.

– Salut.

– Je t'ai reconnue tout de suite.

– Moi aussi.

Nous marchons le long de la rivière Miass sans piper mot.

– Tu veux une bière ?

– Oui !

– Alors, comment vas-tu ?

– Ben, pas mal et toi ?

J'ai tant de choses à lui dire que mon esprit en est devenu confus. Mes idées se bousculent, s'écrasent les unes les autres. Pour qu'il me raconte sa vie, je lui parle de la mienne et lui brosse un bref tour d'horizon, lui disant que je suis devenue journaliste, comme j'en rêvais à vingt ans, et que je voyage en Russie si souvent que c'en est devenu une seconde vie. J'insiste bien sur mon projet d'exploration de l'Oural et de ses peuples oubliés pour qu'il ne pense pas que je suis venue exprès pour le retrouver. Il approuve, trouve que c'est un bon sujet et qu'il n'y a pas assez de livres sur l'Oural. En l'écoutant naît en moi l'espoir qu'il m'accompagnera.

– Je ne reste pas longtemps à Tcheliabinsk, lui dis-je.

– Ah bon ?

– Non.

– Moi, non, plus.

– Comment ça ?

– Je pars demain. J'ai deux concerts. Un à Miass, un autre à Zlatoust. Je suis engagé comme ingénieur du son.

– Formidable. Je peux venir ?

– Je ne sais pas. Faut voir. Je vais appeler Dmitri – Dima. Il a tout organisé, c'est lui qui me conduit demain.

Il appelle son ami, lui explique qu'une vieille copine vient de lui tomber dessus et demande s'il peut l'amener.

– Dima dit qu'on se débrouillera. Tu verras, c'est un chouette type.

Découvrir la nouvelle génération de rockeurs et renouer avec les festivals : j'ai bien fait de traverser la rue ! Les meilleurs groupes viennent de l'Oural. DDT, des anticonformistes et critiques virulents de Poutine, et Zemfira, la star au visage de fouine, sont tous originaires d'Oufa, capitale de la Bachkirie. Le groupe Agatha Christie, pionniers du punk-rock russe des années 1990, a connu ses premières heures de gloire à Ekaterinbourg. Loin de l'influence de Moscou et de Saint-Pétersbourg, le rock russe s'est émancipé dans l'Oural avec plus d'entrain qu'ailleurs, comme si ce décor industriel apocalyptique avait eu le pouvoir d'insuffler aux esprits créatifs une source d'inspiration aussi intense que l'envie de s'en échapper.

Micha et moi restons assis un bon moment sur le muret près du pont, buvant notre bière, les jambes ballantes au-dessus des flots. Je sens que je suis toujours une bête curieuse pour lui. Au fond, il doit se demander pourquoi je suis là.

En l'écoutant parler, je tente de mettre le doigt sur ce qui m'a attirée chez lui. Était-ce son apparition magique dans le tramway, ce premier jour de printemps 1995, était-ce l'individu lui-même ou un mélange des deux ? Ses yeux expriment de la gentillesse, signe que l'intérieur est resté bon malgré les années. Je m'attendais à retrouver un autre homme. Finalement, Micha est resté le même, avec ses mains musclées et son visage de révolté. Malgré les tonneaux de vodka qu'il a dû ingurgiter, son visage n'est pas trop marqué. Une conversation, interrompue par de longues années de silence, vient de reprendre. J'ignore où elle nous mènera.

Nous sommes en juin. Micha projette de quitter Tcheliabinsk à l'automne. Il n'y voit plus d'avenir pour lui et veut tenter sa chance à Moscou. Et puis, une jeune fille l'attend là-bas. Elle a vingt-deux ans, elle est un peu folle, enfin juste ce qu'il lui faut. Ah… Leur relation est difficile mais ils ont tellement souffert ensemble que maintenant ça devrait coller.

– Si ça ne marche pas avec elle, ça ne marchera avec personne, dit-il.

Cette nouvelle me perturbe mais je ne le montre pas et change de sujet. La soirée coule aussi doucement vers la nuit que la rivière Miass vers les monts Oural. Nous échangeons nos meilleures histoires en vidant bière sur bière. Plus tard, nous échouons chez Oleg, le bassiste de l'ancien groupe de Micha. Oleg a pris vingt kilos, partage la vie d'une blonde aussi large que lui et vit dans un minuscule carré blanc en haut d'un HLM. Nous achevons une bouteille de vodka Kubanskaya à trois, le ventre vide. En le faisant, je sais que je vais le regretter mais je ne m'arrête pas. L'esprit tentateur de l'alcool a toujours une tête sympathique en début de soirée.

Je reviens péniblement à la vie sur le canapé de Micha. Impossible de dessiller les yeux. Mes paupières pulsent de douleur. Il me faut vite une transfusion sanguine.

– Nous sommes très en retard. Dima nous attend depuis une demi-heure, marmonne Micha, agacé.

– Hein ?

– Dépêche-toi !

– Cinq minutes. Encore cinq minutes.

Mon royaume contre une journée au lit ! Je me lève. Objectif numéro un : atteindre la salle de bains. Si j'y arrive, je serai à moitié sauvée. Les murs se rapprochent, le couloir s'assombrit et mes tympans cognent. J'ai honte. Je ne vaux pas mieux qu'une gamine de quatorze ans qui, pour gagner l'affection des garçons, n'a pas su dire non à la vodka. Je m'asperge d'eau et prends trois cachets d'aspirine. Je m'endormirais bien la tête couchée sur le couvercle des toilettes.

– Bon, je t'attends dehors ! lance Micha.

– D'accord !

Micha n'est pas plus frais que moi mais il a plus d'expérience. Fonctionner avec une gueule de bois, ça s'apprend. On dirait qu'il vient de s'autohypnotiser tellement il est serein ce matin. Nous traversons la ville dans un vieil autobus, avachis comme des zombies, les yeux injectés de sang.

Un type en short, bob et Ray-Ban, fume une clope, adossé à une Toyota sous un soleil de plomb. C'est Johnny Depp dans le film *Las Vegas Parano*, une adaptation du livre de Hunter S. Thompson.

– Bonjour, je suis Dima.

– Je m'appelle Astrid, dis-je en le saluant avec un seul œil ouvert.

– Nous étions chez Oleg hier, et nous avons un peu bu, dit Micha pour expliquer mon état.

– Ah... Sacré Oleg ! Bon allez, grimpez, on n'est pas en avance.

En Russie, on ne donne pas de leçons de morale. Nous sommes tous, à un moment ou à un autre, victimes de maîtresse Vodka. Je m'assieds à côté de Dima. Micha, lui, s'endort entre le lacis de câbles, les baffles et la sono derrière. Je dévisage mon voisin, un homme élancé avec des faux airs de Pan et des yeux bleu azur, cachés par une épaisse tignasse brune. Je n'arrive pas à décider s'il me plaît ou non. Mon état m'empêche de me faire une opinion. Dima a la marotte des anecdotes et ne cesse de parler, excité par notre rencontre. Il n'a jamais vu de Française de sa vie. C'est bien ma chance. Au bout de deux heures, je craque. Il prend pitié de moi et me laisse dormir. Finalement, cette canaille a du cœur.

Nous atteignons Zlatoust, une succession de collines verdoyantes défigurées par des balafres en béton. Zlatoust – j'adore ce nom parce qu'il contient l'onomatopée *oust* – est la capitale des forgerons, connue pour leurs épées gravées de personnages fantastiques. Nous nous garons en face de la boîte de nuit « Pelménis (raviolis) de l'Oural » où se déroulera le concert ce soir. Dima m'emmène me baigner dans un lac à côté appelé « l'assiette ». L'eau doit être polluée par des agents radioactifs ou toxiques mais je plonge quand même. En 1995, j'avais séché un cours de littérature russe pour me baigner dans un lac gelé avec Micha. Je m'en souviens comme si c'était la veille. Bizarrement, c'était mes pieds qui avaient eu le plus froid. Hilares et revivifiés, nous avions beaucoup ri. Je lui avais dit : « Sais-tu que je suis nue sous ma robe ? »

Dima déshabille les jeunes filles du regard et ne semble pas beaucoup s'intéresser à moi. Tant mieux. Je n'ai pas vraiment envie de lui plaire. Certaines pépées se pâment en minijupe, d'autres en string rouge, titubant sur l'herbe en talons aiguilles comme si elles allaient à une soirée.

– Tu as vu comment elles sont fringuées ! On dirait qu'elles vont tourner dans un film porno, tu ne trouves pas ? remarque Dima.

– Non, elles aiment juste se mettre en valeur.

Je n'ose pas dire du mal des femmes russes car leur beauté absout leur vulgarité et j'évite de les mettre en joue. Je les sais fortes et méchantes – comme les Serbes.

Quatre jeunes boutonneux se grillent des cigarettes roulées sur le perron de l'entrée des « Pelménis ». Les rockeurs viennent d'Ozyorsk, l'une des dernières villes fermées de l'Oural – là où les Soviétiques ont travaillé sur la conception de la première bombe atomique. Dans les années 1990, on y vivait mieux qu'ailleurs, protégé du chaos qui régnait au-delà. Il n'y avait jamais de crime et les magasins étaient toujours fournis, même en période de crise. Vers Ozyorsk se trouve Mayak, l'un des plus grands centres de traitement de déchets radioactifs au monde. La France figure parmi les clients fidèles. Les musiciens d'Ozyorsk ont pris trois bus différents pour venir. Une journée de route pour un quart d'heure de gloire. Ils n'ont jamais quitté l'Oural et n'ont aucune envie de connaître le reste du monde. Ils voyagent dans leur tête, grâce à la musique.

Sur scène, ils bondissent sous les spots, jambes écartées et balancent leurs membres dans tous les sens à la manière de poupées désarticulées. Des Red Hot Chili Peppers russes. Les filles se déchaînent sur la piste de danse. Le rock de l'Oural pulse, explose, retourne, inonde les cœurs. Beaucoup de solos de batterie, de montées et de descentes de gammes à la guitare électrique. Des groupes flirtent avec le *heavy metal*, chantent le frère qui viole sa sœur, le fils qui tue son père, le gars qui se suicide avec une tronçonneuse, des histoires qui ne donnent pas envie de sauver le monde. Micha, lui, demeure imperturbable derrière ses consoles. À l'entracte, nous dînons d'une soupe chinoise sur le capot d'une voiture. Ça me rappelle mes vingt ans, lorsqu'on se moquait totalement de ce qu'on mangeait. Seule importait la compagnie.

Le concert terminé, Dima, Micha et moi, traversons Zlatoust jusqu'à sa banlieue. Toute la journée, je me suis demandé où nous allions dormir. Nous nous arrêtons devant un grand immeuble rose. Un adolescent nous ouvre, torse nu. D'autres musiciens – dont les quatre jeunes d'Ozyorsk – nous emboîtent le pas. On s'est donné le mot aux « Pelménis de l'Oural ». Ici, on peut dormir gratuitement. Il n'y a qu'un seul canapé dans le salon. Je m'y installe pendant que les garçons descendent bière sur bière dans la cuisine. Au matin, j'ouvre les yeux, entourée d'une douzaine de musiciens, alignés comme des sardines sur la moquette. Il n'y a pas un centimètre de libre. Le plus vieux doit avoir vingt-quatre ans et je suis l'unique femme. Des réveils comme celui-là, je n'en aurai pas d'autres. Leur galanterie me surprend. Pas un geste brusque ou une parole abrupte. J'ai l'impression d'être tombée sur une colonie de vacances de garçons sages. Ces retours de jeunesse me font rire – de moi-même surtout. Ils me rappellent combien j'avais une haute opinion de ma personne et me trouvais originale. Ce n'est que plus tard que je comprendrai que je ne suis qu'une petite particule dans l'univers.

Le trio, Dima, Micha et moi, reprend la route, cette fois en direction de Miass, un autre complexe militaro-industriel en sursis. Celui-là est connu pour ses camions Oural, des engins aux roues surdimensionnées. Le concert a lieu au pied d'un arc de triomphe en granit sur lequel il est écrit : « Stade du Travail » Les Soviétiques ont toujours dépensé plus d'énergie à construire les monuments qu'à les nommer.

La jeunesse de Miass : des filles en robe criarde, body moulant, cheveux teints en noir, orange ou platine. C'est à celle qui fera le plus d'effet. Une adolescente avec un piercing aux sourcils, nez et menton, des fils verts fluorescents entrelacés dans sa tête nattée, déambule sans complexe en T-shirt sur lequel elle a imprimé sa photo, arborant exactement le même look. À Paris, on lui détruirait le moral en trente secondes. Dans l'Oural, tout est permis. En matière de chiffons et de silhouettes, la Russie, c'est un peu comme l'Amérique, les obèses en moins. On y pratique la même liberté, le même respect des originaux. Les personnages les plus truculents, je les ai croisés à New York, Washington et Chicago. En France, peu de filles sortent des clous de la mode.

En attendant le début du concert, je partage bières, cigarettes et anecdotes avec Dima, assise à côté de lui à l'avant de la voiture. Mon compagnon est amer. La Russie d'aujourd'hui le dégoûte. Comme la plupart des gens de son âge, la quarantaine entamée, il regrette l'Union soviétique.

– Sous les communistes, il n'y avait ni drogués ni truands. Nous vivions en paix les uns avec les autres. On se saluait dans la rue. L'autre n'était pas un ennemi mais un ami. Les parents laissaient leurs enfants jouer dehors, devant chez eux, en toute tranquillité. Aujourd'hui, tout le monde est terrorisé. On redoute les pédophiles et les voleurs d'enfants. Il n'y a plus que dans les villes fermées comme Ozyorsk qu'on peut vivre sans avoir peur de l'autre, et encore.

La Russie du XXIe siècle parfois m'épouvante aussi. Depuis mon arrivée, j'ai enregistré quelques images fortes : un homme croisé l'autre jour à Tcheliabinsk avec un cratère derrière le crâne en forme de demi-lune et le visage barré de cicatrices. Il faisait la manche du seul bras qui lui restait, titubant entre les voitures arrêtées au feu rouge. Il y a aussi ce vieux monsieur en short que j'ai vu traverser à Zlatoust avec une entaille dans le genou grosse comme une balle de golf. Et puis, cette jeune femme en minijupe trottant le long de l'autoroute à trois heures du matin, pas un village en vue. Et cette autre femme, la peau sur les os, les yeux bouffis, vacillant entre le trottoir et le bitume en plein après-midi, se faisant raser par des voitures filant à toute vitesse. Ces visions me racontent des histoires sordides. La réalité doit être pire que mon imagination.

Le concert commence, les jeunes filles hurlent, les garçons fument. Micha a l'air préoccupé derrière sa console. Sveta, une sylphide à la tête rasée qui pourrait se faire passer pour Sinead O'Connor, se joint à nous. Je lui propose d'aller voir Micha pour lui demander s'il a besoin d'un remontant. Sveta me suit. Nous soulevons le rideau qui le dissimule derrière la scène. En apercevant Sveta, il lui sourit jusqu'aux oreilles.

– Coucou, nous allons au magasin au bout de la rue, tu veux qu'on te prenne quelque chose ? lui demandais-je.

Il regarde Sveta puis me lance :

– Laisse-moi tranquille ! Tu me déranges. Tu vois bien que je suis occupé. Je ne t'ai pas demandé de venir ici. Fous-moi le camp !

Qu'est-ce qui lui prend ? Je ne sais pas quoi répondre. J'emboîte le pas de Sveta en me retenant de fondre en larmes. La violence de sa voix m'a broyé le cœur. Quelle mouche l'a piqué ? En regardant Sveta, je commence à comprendre : Micha est en train de la draguer et je le dérange. Il n'a pas changé. Toujours à l'affût même si une chérie l'attend à Moscou. Très bien. Ça le regarde. Il faut que je disparaisse et passe à autre chose sinon je vais souffrir. J'ai retrouvé Micha. Restons-en là. Si je ne pars pas, nos relations vont s'envenimer. Il me faut vite rentrer à Tcheliabinsk. Je n'ai plus qu'une seule envie : m'enfermer dans ma chambre d'hôtel et entamer mon deuil.

Nous reprenons la route au soleil couchant. Micha et Sveta se sont installés à l'arrière. Bourrés au mauvais cognac, ils empestent et chantent des vieux tubes de rock russe. Dima les accompagne en imitant le saxophone. Les deux garçons jouent aux homosexuels et s'appellent mon chéri, mon ange, mon amour. Tout le monde rit aux éclats, sauf moi. Je cache mes yeux mouillés en fixant le paysage. Je ne devrais pas être jalouse de Sveta mais je le suis quand même. Je les trouve horriblement tristes nos retrouvailles. Je m'attendais à une complicité, à quelque attention. Je ne suis plus qu'une fille qu'il a rencontrée il y a quinze ans et qu'il a oubliée. C'est ridicule mais je souffre comme si je venais de me faire plaquer par mon premier amour. Une lame vient de s'enfoncer dans ma poitrine et ma souffrance grandit d'heure en heure. Je n'ose pas parler, ma voix pourrait me trahir. Je plaque un faible sourire sur mon visage et fais mine d'être calme. Je vais exploser. Arrivés à l'hôtel, Micha sort de voiture pour me saluer.

– Ne m'en veux pas pour tout à l'heure, j'étais énervé.

– Oh, ce n'est rien.

– Tu pars quand ?

– Demain.

– Ah. Eh bien salut. Bon voyage dans l'Oural !

– Merci !

Le regardant partir, j'espère ne plus le revoir. Je me rue sur le lit de ma chambre d'hôtel et fonds en larmes.

Pourquoi Micha me fascine-t-il tant ? Tout ce qu'il fait, tout ce qu'il représente est un mystère. Il est le seul homme que je connais qui vit détaché des choses matérielles. Sa garde-robe se résume à cinq T-shirts, un pantalon et une paire de chaussures. Il lave sa vaisselle dans la baignoire, dort sans drap. La précarité ne le perturbe pas. Au contraire, il en tire une certaine fierté. Les filles s'intéressent toujours beaucoup plus aux mauvais garçons, qui ne leur feront jamais de bien, qu'aux gentils et aux attentionnés. C'est l'une des grandes injustices de l'amour.

Le lendemain matin, on frappe à ma porte. C'est Dima. Il apparaît avec le même bob blanc et la même chemise que la veille, comme s'il n'était pas rentré chez lui depuis.

– Tu m'as dit que tu voulais aller à Arkaïm ? Si tu me paies l'essence, je t'emmène.

– Quand pourrions-nous partir ?

– Tout de suite si tu veux.

– Ça marche !

Dima, l'homme idoine. Mes anges gardiens ont dû me l'envoyer. Dans le même geste, j'ai envie de pleurer sur son épaule et de l'embrasser de joie. Je suis devenue un peu russe. J'accepte volontiers la coexistence des sentiments contraires.

J'ai toujours rêvé d'aller à Arkaïm, un lieu sacré recelant autant d'énigmes que les pyramides d'Égypte construites environ à la même époque. Arkaïm est à deux jours de voiture de Tcheliabinsk. Là-bas, je m'exorciserai de Micha. En route, nous passerons par Magnitogorsk, capitale sidérurgique de l'Oural.

Dima évite habilement les crevasses et les nids-de-poule de l'autoroute et, soudain, je me sens mal à l'aise de me retrouver toute seule avec ce garçon. Je n'y avais pas pensé. Pourvu qu'il n'ait pas de vues sur moi.

Nous faisons halte dans un wagon rouillé transformé en café. La pancarte est prometteuse : « Ici nous avons tout ! » À l'intérieur, tout est rose : les murs, les nappes et les cadres. En bruit de fond, une chanson sur la vie en prison passe en boucle. Assis dans un coin sur une banquette en bois vernis, un homme aux bras tatoués regarde au loin par la fenêtre. Derrière lui, une grosse dame passe le balai. L'air est chaud et sent la poussière. Ce n'est pas Bagdad Café mais Oural Café.

Au menu du jour : du bortsch, la soupe russe traditionnelle à la betterave. Dima demande à la serveuse s'il pourrait avoir une soupe froide à la bière, l'*okrochka*.

– Bien sûr.

– Je vois que vous n'avez pas de blinis, pourriez-vous en faire ?

– Pas de problème.

Quelques instants plus tard, la serveuse nous apporte okrochka et blinis. L'annonce à l'entrée disait vrai. Il y a vraiment tout, même du savon dans les toilettes – un luxe rare. Ce lieu m'inspire un roman sur le second souffle. Le propriétaire serait un bandit repenti qui en aurait bavé au mitard et se serait reconstruit une nouvelle vie. La plupart de ses clients seraient devenus des amis et cet homme, enfermé pour avoir tué sa femme de sang-froid et libéré plus tard à coups de pots-de-vin, serait admiré et aimé de tous aujourd'hui. Je passerais bien l'après-midi ici à broder sur cette histoire mais Arkaïm nous appelle. Nous rebondissons sur des routes vérolées au milieu de la steppe, sous un soleil rouge comme une fraise.

Magnitogorsk est le plus grand complexe métallurgique au monde. La ville a poussé autour d'une seule entreprise, la *Magnitogorski Metalurgicheski Kombinat*. Des rangées de cheminées noires annoncent le monstre sidérurgique. Au milieu de la plaine se dressent des cylindres, larges comme des fusées. Missiles prêts à partir, ce sont des armes de destruction massive de l'environnement.

Dima connaît bien l'histoire de cette ville éparpillée autour de mines de fer à ciel ouvert. Magnitogorsk veut dire « montagne magnétique ». Au XIXe siècle, des voyageurs russes constatèrent que leurs boussoles s'agitaient aux abords de deux petites collines que les nomades bachkirs avaient appelées Eye-Derlui et Atach[1]. Ils revinrent avec des pelles et découvrirent d'immenses réserves de fer. Petit à petit, les Russes développèrent la mine. L'été, le minerai était extrait et balancé en tas dehors. L'hiver, il était transporté sur des luges pour être fondu dans des chaudrons dans un village situé à plus d'une centaine de kilomètres. Les méthodes d'exploitation de la mine évoluèrent peu jusqu'au début du XXe siècle[2].

---

1. Voir John Scott, *Behind the Urals : An American Worker in Russia's City of Steel*, Boston, Houghton Mifflin, 1942. Bloomington & Indianapolis, Indiana University Press, 1989.

2. *Ibid.*

Sous Staline, la mine connut un nouvel essor. Le Petit Père des Peuples y envoya des milliers de paysans ukrainiens, bachkirs, kirghizes et russes expropriés. Ces ouvriers sans expérience ni matériel se tuèrent à la tâche pour creuser les mines et bâtir une fonderie. Staline voulait que ce complexe métallurgique rivalise avec celui de la U.S. Steel Company de l'État de l'Indiana. Les premières années, on logea ces travailleurs forcés dans des tentes, sans eau courante ni réserves de nourriture. Les Soviétiques se souciaient peu de la logistique. Seul importait le résultat. Des dizaines d'enfants ne survécurent pas aux premiers hivers des années 1930.

En février 1931, Staline proclame que « la Russie doit surpasser dans les dix prochaines années les pays capitalistes les plus développés dans les domaines militaire et industriel sinon ces pays capitalistes nous anéantiront[1] ». Il faut bâtir de nouvelles industries loin des lignes ennemies, à proximité des réserves de minerai de l'Oural. En quatre ans, le petit village bachkir de huttes de terre connu sous le nom de Magnitnaya, devint un complexe métallurgique gigantesque prêt à alimenter toutes les industries de la région. Plusieurs usines furent déménagées de Saint-Pétersbourg à Magnitogorsk en train[2].

Magnitogorsk s'est transformée en une mégapole industrielle de plus de six cent mille âmes avec ses interminables barres d'immeubles, son université et ses jardins

1. *Ibid.*
2. *Ibid.*

d'enfants. L'un des bâtiments les plus rutilants est le stade « Métallurgie » financé par le *Kombinat*. L'équipe de hockey de Magnitogorsk est l'une des meilleures au monde. Ses joueurs se font débaucher par les Canadiens de Montréal, les Flyers de Calgary et les équipes de la NHL américaine.

À la tombée de la nuit, notre vieil ami guitariste Carlson nous ouvre la porte. Ses yeux sont aussi tristes qu'il y a quinze ans. La table est dressée aux quatre coins. Des bouteilles de vodka attendent leur heure. Entre deux toasts, Carlson entonne des ballades à la guitare qui me ramènent au temps où j'étais la groupie de Micha et le suivais partout, dans tous les festivals. C'est à cette époque que j'ai appris à boire de la vodka à toute heure de la journée, même au petit déjeuner, et à ne pas m'en plaindre. Nous logions chez Carlson et dormions par terre avec le chat, sur des couvertures pliées. Sa femme venait d'accoucher et sa maison respirait l'amour – déjà. Des années plus tard, rien n'a changé et sa femme est toujours à ses côtés, à l'admirer et à lui pardonner.

Au petit jour, Carlson me raconte que des mois après mon départ, Micha espérait mon retour et composait un recueil de chansons dont il voulait me faire la surprise au cours d'un concert. Ses ballades portaient sur nos aventures dans les bois, formaient des parallèles avec le couple Vladimir Vissotsky-Marina Vlady (le chanteur dissident russe et l'actrice française). J'ignorais tout cela. Pourquoi ne m'en avait-il jamais parlé ? Comme tous les Russes, Micha avait appris à oublier.

Dima crève sa bulle d'ébriété vers onze heures. Arkaïm aujourd'hui ? Je laisse l'ours s'ébrouer. Il ne faut pas le brusquer. Je pourrais me prendre un coup de patte. Au moment où j'abandonne toute velléité de lever l'ancre, Dima me regarde.

– Bon, tu es prête ?

– Absolument !

Comme c'est grisant de prendre la route avec un homme que je connais à peine. Je n'ai pas d'appétence amoureuse à son égard mais je crois avoir trouvé en lui un *Spoutnik*, un bon compagnon de voyage.

Notre départ s'embourbe dans les embouteillages et la Toyota cale à tous les feux. Si nous atteignons Arkaïm ce soir, ce sera un miracle – encore un. Au volant, Dima me jette des regards furtifs. Je ne devrais pas en vouloir à Micha, dit-il. Il est uniment fatigué des femmes. Il en a tant eu qu'il s'est perdu en route. Il ne sait plus ce qu'aimer veut dire et il n'y a plus que le sexe qui l'intéresse.

– Les hommes exigent qu'une femme soit la leur, soupire Dima. Ils prennent tout d'elle, la vampirise et fuient leurs responsabilités. Une femme amoureuse, elle, donne tout – même ce qu'elle n'a pas. C'est l'une des grandes différences entre nous.

Dima parle comme une femme. Je n'ose pas lui poser de questions sur sa vie personnelle. Ça attendra.

Arkaïm

Sortis de l'enfer de la ville, nous traversons des villages aux isbas chatoyantes. Des oies blanches déambulent sur les trottoirs comme si elles savaient où elles allaient. De chaque côté de la route, des troupeaux de vaches et de chèvres vont et viennent dans les champs. Au loin, un homme essouche la terre à l'aide d'une herse tractée par un cheval. Cette image d'un autre siècle rappelle le laboureur de Corot qui inspira plus tard les glacis dénudés de Dali. Dans cette partie du monde, le temps a glissé sans laisser de trace. L'Oural est une machine à remonter le temps.

Petit à petit, les champs d'orge et de blé cèdent la place aux herbes hautes. Les poteaux électriques rythment notre avancée. La Toyota fuse à travers la steppe sur un ruban de goudron parti se noyer à l'horizon. Des spirales de poussière et d'amarante s'élèvent à notre passage. Dans les champs, des hangars aux portes défoncées, des tracteurs rouillés et des moissonneuses-batteuses abandonnées racontent le déclin de la vie agreste. Sur le mur d'une maison s'étale un portrait de Lénine brandissant un parchemin, proclamant que « les plans du Parti sont les plans du Peuple. » Les slogans communistes résonnent toujours dans le silence des immensités.

Deux marmottes apparaissent, droites comme des *i*. Leurs masses brunes ondulent à notre approche et s'évanouissent dans les fourrés. Un faucon siffle, tournoyant au-dessus de nos têtes. Je nous croyais seuls. La steppe grouille de vie. Du néant, jaillissent des flèches griffonnées sur des morceaux de carton. Arkaïm par ici, Arkaïm, tournez là. Le jeu de piste s'éternise. Nous prenons des virages sur des routes qui semblent mener nulle part. Puis, le panneau indique un nom : Arkaïm. Nous descendons vers une vallée dont l'œil ne saisit pas complètement la limite. Des collines éparses découpent l'horizon. Un étrange souffle froid me caresse le crâne tel un courant d'air venu d'ailleurs. Dima sort de la route, roule dans l'herbe et se gare au milieu d'un pré. Soudain, je me sens terrassée par une terrible fatigue. Mes yeux se ferment et je m'assoupis. Pour l'instant, Arkaïm a un effet plus soporifique que mystique sur moi. Au réveil, Dima n'est plus là. Une femme aux cheveux enturbannés avance dans ma direction. Je lui demande où je pourrais trouver de l'eau.

– À l'une de ces sources là-bas, près de l'étang. Mais si vous aimez le thé vert, venez dans ma tente ce soir. Je suis un peu plus loin, montre-t-elle du doigt. À tout à l'heure !

– Merci !

La soirée est bien entamée mais le soleil continue de chauffer la steppe et moire les reliefs d'une vive teinte ambrée. Sous mes pieds, la terre semble se caraméliser.

J'avance vers Chamanka, une colline coiffée d'une spirale de pierres. Trois femmes prient au sommet, les yeux fermés, les bras levés vers le ciel. Un homme les rejoint, pieds nus. Il se déleste de l'énergie négative en marchant vers le centre de la spirale et accumule l'énergie positive en repartant dans l'autre sens. Du haut de Chamanka, j'aperçois des vaches qui paissent à quelques lieues d'ici. La vue devait être la même du temps des Sintachtas, les premiers Aryens de l'Oural qui vivaient à Arkaïm il y a environ quatre mille ans, un peuple guerrier qui maîtrisait l'art du cuivre et du bronze. Les tribus s'envahissaient régulièrement les unes les autres pour contrôler terres, bétail et ressources minières. Ils se servaient aussi de leurs amulettes, colliers, bracelets et couteaux pour impressionner et intimider l'ennemi. De leur bellicosité serait né le chariot, élément révolutionnaire dans l'art de la guerre. Des restes très anciens ont été retrouvés sur des sites de la région. Les Sintachtas vouaient un culte au feu qu'ils considéraient comme un intermédiaire entre les hommes et les dieux. Ils immolaient des vaches et des chevaux à intervalles réguliers pour s'attirer les bonnes grâces des divinités.

Si l'État russe n'avait pas décidé de construire à Arkaïm une grande réserve d'eau dans les années 1980, les archéologues ne seraient jamais tombés sur ces trésors. Rien que par sa survie, le site devint une légende. On colporta aux quatre coins du pays les récits improbables de ses guérisons miraculeuses et toute une population de magnétiseurs, chamans, pèlerins, citadins en quête de spiritualité et autres souffreteux s'y pressa.

L'endroit, en tant que tel, ne ressemble à rien et n'inspire pas grand-chose : quelques maisons et bungalows entourés de collines et d'une forêt de bouleaux. La Bolchaïa Karaganka coule en contrebas. Sur un totem en bois planté dans l'herbe, trois mots ont été gravés « foi, amour, beauté ». Que pense Dima, lui, de tout ça ? Pour retrouver son Russe, toujours commencer par le bar. Un cabanon sert de buvette. Je vois mon compagnon, assis à la terrasse, l'air satisfait, bière et cigarette à la main. Il vient de discuter avec les gardiens du site archéologique situé à quelques centaines de mètres. Apparemment, on ne distingue plus aucun vestige. Les autorités ont tout enseveli. Il ne reste que des sillons que l'on ne peut voir que du ciel.

Assis à une table à côté de nous, un homme pansu raconte d'une voix autoritaire comment Arkaïm l'a aidé à arrêter l'alcool. Ses compagnons boivent ses paroles et hochent la tête, approuvant son histoire. Plus loin, deux hommes en toge, sandales et crâne rasé, déambulent en chantant Hare Krishna devant une brochette de hippies aux dreadlocks blonds assis sur un banc. Je n'arrive pas à prendre toute cette scène au sérieux et j'explose de rire en regardant Dima.

– Tu ne crois pas que nous sommes tombés sur une espèce d'attrape-touriste ?

– C'est difficile à dire, nous venons d'arriver.

La chaleur me fait anticiper le délice de la première gorgée de bière. Je bois une grande rasade mais elle ne passe pas. Pire, j'en ai des brûlures d'estomac. Étrange. D'origine allemande, je suis programmée génétiquement pour avaler cette boisson. Je l'avale comme de l'eau. Par dépit, je me roule une cigarette et l'allume. La fumée me donne mal au cœur. Bon, j'ai compris. Je paie mes railleries. Nous sommes dans un lieu sacré. Ici, pas d'alcool, pas de cigarettes. Mais pourquoi y suis-je sensible et pas Dima ? Nous devons être constitués différemment.

Le soleil cuisant d'Arkaïm s'acquitte d'une dernière révérence avant de disparaître sous des charpies de nuages. L'étoile du nord se met à luire et d'autres astres s'accrochent au ciel, un par un. Il est temps d'honorer l'invitation de la petite femme enturbannée.

– Ah ! Vous voilà ! Je vous attendais ! dit-elle. Venez, venez ! Je m'appelle Natalia.

En guise de rituel de bienvenue, elle nous sert deux tasses de thé vert dans des gobelets en plastique. Natalia se dit « chirurgienne en énergies ».

– Je viens chaque année, dit-elle. Nous sommes dans l'un des meilleurs endroits au monde pour se connecter au cosmos. Il y a des canaux privilégiés – comme des lignes directes – pour prier les dieux. Grâce à eux mes séances vont vite.

À l'écouter, Arkaïm serait un réseau haut débit de communication avec les divinités – et il n'y aurait jamais de pannes.

Je demande à Natalia pourquoi je ne peux ni fumer ni boire.

– Fumer détruit l'aura de quelqu'un, dit Natalia. Si tu ne peux pas fumer, c'est bon signe, cela veut dire qu'on t'accepte et te protège.

Elle ne me dira pas qui est le « on » dont elle parle.

– Si tu veux, demain je vous emmènerai sur les collines sacrées et travaillerai sur tes chakras. Tu en as besoin.

Je redoute ce genre de séance surtout si je ne sais pas à qui j'ai à faire. Je suis protestante, les pieds bien ancrés sur terre mais aussi ouverte aux autres formes de foi et de prière. Nous sommes tous un peu chamans, que nous le voulions ou non. Nous avons tous des dons, un sixième sens dont nous ne savons pas nous servir ou que nous nous empêchons de développer, retenus par une société peu réceptive à ce genre d'exercice. Je ne suis qu'une dilettante en termes de connaissances du chamanisme et des religions – vaste champ d'études – mais je sais que la pensée est plus matérielle qu'on ne le croit et la force de la foi – sous toutes ses formes – bien plus grande qu'on ne l'imagine. J'accepte que Natalia travaille sur moi, me disant que je pourrai toujours changer d'avis plus tard.

La pluie s'abat sur la vallée, me forçant à dormir avec Dima dans sa voiture car il me sera difficile de planter ma tente dans ces conditions. Il rabat les sièges, sort le matelas en mousse et les couvertures. Pourvu qu'il ne se jette pas sur moi. Ça compliquerait la suite du voyage. Nous peinons tous les deux à nous endormir, comme si, à Arkaïm, le jour était plus favorable au sommeil que la nuit. Plus tard, des coups de tonnerre nous réveillent. La terre a tremblé. Je n'ai jamais entendu un tel bruit. On aurait dit que ces fortes détonations revêtaient un caractère humain. Les dieux se sont fâchés. Nous devrons attendre sagement la fin de leur colère pour refermer les yeux.

Bénis soient tous les dieux, même courroucés, Dima n'a rien tenté. Je lui aurais donné une gifle s'il avait essayé de m'embrasser – ou peut-être pas en fin de compte.

À peine avons-nous bu notre thé du Thermos de la veille que Natalia vient nous secouer.

– Alors, prêts pour votre pèlerinage ?

Dima me regarde, perplexe.

– Bon, allons-y ! dit Natalia.

Un chien aux sourcils touffus nous emboîte le pas. Je lui lance des bâtons qu'il me rapporte avec entrain. Natalia nous fait traverser une forêt de bouleaux.

– Regardez ! dit-elle devant un muret. Ici se trouvait l'entrée de la grotte. Un éboulement y a enterré deux adolescents, il y a très longtemps. Ils sont morts sur le coup. Depuis, ils errent dans ces bocages. Parfois, ils viennent saluer ceux qui s'y endorment. Un jour, j'ai voulu les rencontrer. Je me suis assoupie et je les ai vus : un garçon et une fille. Ce sont des âmes innocentes qui ne veulent de mal à personne et sortent de temps en temps pour se distraire.

Les rais du soleil, filtrés par d'épais feuillages, créent une atmosphère douce et paisible, propice à la sieste. Je ne m'y risquerai pas, même si je ne crois pas à cette histoire de fantômes. En sortant des bois, Natalia nous invite à gravir la colline de l'Amour. Les nomades y célébraient autrefois leurs noces. Nous apercevons les restes d'un autel et une autre spirale de pierres, plus petite que celle du sommet de Chamanka. Un homme vêtu d'une toge joue de la guimbarde, assis sur un rocher. Une brise emporte avec elle son chant polyphonique envoûtant.

– Viens, Astrid, mets-toi à l'entrée de la spirale et ferme les yeux, dit Natalia. Ta moitié te prendra la main et te guidera vers le centre.

Si je n'ai pas de moitié, comment faire ? Je me place devant la spirale, les yeux fermés. Rien. Je marche vers le centre. Je ne sais pas si quelqu'un me guide ou si c'est moi qui me laisse aller. J'ai le pas léger. Aucune main ne saisit la mienne. Rapidement, je sors de la spirale, un peu déroutée. Pendant que Natalia se concentre sur moi, Dima s'emmure dans son scepticisme, ce qui renforce mon incrédulité. Je laisse faire Natalia car ses manœuvres spirituelles font partie de l'expérience que j'ai choisi de vivre en venant ici mais je ne crois pas vraiment à ses pouvoirs de guérisseuse. Pour le moment, en tout cas.

– Accroche quelque chose à cet arbre et fais un vœu, dit Natalia en désignant un arbuste haubané de rubans.

J'y noue mon petit mouchoir en m'avouant que j'aimerais bien un jour avoir une moitié, si jamais elle existe quelque part en ce monde. Natalia chante des incantations en faisant des cercles avec ses bras. Je déchiffre deux prénoms russes écrits avec des pierres sur le sol : Vania et Ksioucha, venus solliciter la bénédiction de la colline de l'Amour. Natalia me fait coucher de tout mon long, tête vers le nord, pieds nus à plat, paume des mains par terre.

– C'est pour te recharger, dit-elle.

Je m'exécute et ferme les yeux. Tout d'un coup, je sens une présence. Quelqu'un m'observe. Est-ce mon futur époux qui vient me saluer ? Son énergie est palpable. J'entends des pas. Ils se rapprochent de moi. On me lèche la joue. J'ouvre les yeux. C'est le chien de tout à l'heure ! Quelle sotte ! Je croyais avoir senti une présence familière et même pensé que cela pourrait être Dima. Et si c'était lui, le bon ? Inconcevable. Dima n'est pas du tout mon genre d'homme. Un couple de papillons jaunes virevoltent à mes côtés. Ils me donnent espoir qu'un jour, je serai comme eux, accompagnée d'un vaillant cavalier avec qui, moi aussi, je danserai dans le vent.

Nous grimpons en voiture pour poursuivre notre découverte d'Arkaïm. Des escadrilles de corbeaux strient de noir le ciel laiteux. Des marmottes courent dans tous les sens. L'heure du rassemblement a sonné. Accrochée à la porte d'une maison, une pancarte nous donne faim : « lait frais, kvas, pirojki ». Dima frappe. Une dame de cent kilos aux dents en or et en leggings verts apparaît.

– Je viens de tout vendre, dit-elle. Je n'ai plus rien.

– Ah, diable (*chyort* en russe) ! répond Dima.

– De quoi auriez-vous besoin ?

– De pirojki.

– Oui mais avec quoi ?

– Oh ! Avec des pommes de terre et du chou.

– Bon, revenez dans une heure.

Cela nous donne le temps de faire un tour à la colline de la Raison – et de s'en faire une. À la sortie du village, des oies blanches au dos marqué d'une tache rouge nous barrent la route et ne se pressent pas pour nous laisser passer. Elles nous lancent des regards méprisants en grimpant sur le trottoir. Qu'est-ce qu'elles ont les oies dans ce pays ? Elles ont l'air d'être en guerre contre le monde.

Sur la colline de la Raison l'air est plus frais qu'ailleurs.

– La pluie a lavé l'atmosphère, dit Natalia. Personne n'est encore venu prier. Les forces seront encore plus puissantes. Laissez-vous aller ! On va soulager votre âme. Il ne faut pas avoir de mauvaises pensées et, si possible, n'en avoir aucune.

Je jette au vent tous les travaux de mon esprit et m'imprègne du paysage. La chaleur a flouté les reliefs et la ligne d'horizon. Les images palpitent. La rivière scintille au loin. Des criquets chantent parmi les touffes de brins séchés. À mes pieds, un papillon du Vieux Monde, avec des ailes jaunes et noires mouchetées de taches bleues, étale sa magnificence sur un rocher. Les collectionneurs ont dû en épingler des milliers. Celui-là au moins profite de sa liberté fugace. Arkaïm offre un havre, un refuge pour toutes les âmes, qu'elles soient végétales, animales ou humaines.

– Les pirojki doivent être prêts. Allons les chercher ! crie Dima en dégringolant la colline vers la voiture.

Assise devant sa maison, la fermière nous attend, tenant comme un sceptre une bouteille de Coca-Cola remplie de lait.

– Je suis allée traire mes vaches pendant que les pirojki cuisaient. En voulez-vous ?

– Avec plaisir ! dit Dima.

Les pirojki, encore tièdes, fondent dans la bouche. Nous nous régalons. Deux ULM flottent dans le ciel. Une fois posés, les pilotes attendent le chaland, verre à la main.

– Bonjour ! Vous pouvez nous emmener faire un tour ?

– Bien sûr.

– C'est combien ?

– Cinq cents roubles (douze euros) le quart d'heure. Mais avant, vous devez goûter ceci.

Les pilotes essuient deux petits verres et nous servent un tord-boyaux de leur cru. Dima descend le sien d'une traite et je ne fais que tremper mes lèvres (je n'ai pas le droit de boire ici), donnant le reste à mon compagnon.

– Paré pour le décollage ! crie Dima.

Les ULM, eux aussi, sont faits maison. Derrière la carlingue, des pièces de moto ont été rafistolées avec de l'adhésif noir. Ces engins me rappellent les mototracteurs trafiqués de la toundra dont les sièges provenaient de machines agricoles. J'ai toujours eu beaucoup d'admiration pour les bidouilleurs russes, car malgré l'allure atroce de leurs machines semblables à des Frankenstein motorisés, leur performance et leur fiabilité défient souvent toute attente. Une fois engoncée dans l'ULM, le moteur vrombit, l'albatros s'ébroue. Nous prenons de la vitesse sur la piste chaotique, un bond plus haut que les autres et nous ne retouchons plus terre. L'ULM s'élève, nez vers les nuages. Je suis assise sur une chaise tenue par un fil invisible. Dima me suit. Les premières minutes sont effrayantes. J'ignore combien de verres nos pilotes ont descendus depuis ce matin. À quelques centaines de mètres d'altitude, l'engin fait des virages secs et j'embrasse le vide. Sans ceinture, je tomberais comme une enclume. Nous survolons le site archéologique d'Arkaïm. Effectivement, il n'y a plus grand chose à voir. On ne peut que deviner les reliefs. Un cercle dans un cercle avec deux petits rectangles de chaque côté. À l'entrée, un mirador en bois a été reconstruit. Je repère la rivière qui devait alimenter le village fortifié. Vues d'en haut, les spirales de pierres semblent envoyer des messages aux divinités. Mais que leur disent-elles ?

La virée aura duré le temps d'un éclair. Dima prend un dernier verre avec les pilotes. Je me demande comment ils font pour tenir l'alcool. Le *samogon*, la vodka fabriquée chez soi, leur sert de carburant visiblement. Sans elle, ils ne tourneraient pas rond. Les deux gars sont des anciens pilotes de Mig. Ils passent l'été à Arkaïm et le reste de l'année à Magnitogorsk, où ils font des affaires sur lesquelles ils ne souhaitent pas s'étendre. Ils ont le regard affranchi d'hommes qui n'ont plus de comptes à rendre à personne.

– C'était formidable ! déclare Dima, au volant de sa voiture. Quels malins ces deux-là ! Ils se sont créé un bon business.

Nous atteignons la colline des Prières dominée par un menhir à la silhouette de femme. Natalia nous tend une feuille qu'il faut « lire avec sincérité » en regardant vers l'est. Il s'agit de pardonner et de se faire pardonner. Je m'exécute et Dima fait de même. À qui demande-t-il pardon, cet homme dont je sais si peu de choses et qui garde si bien ses distances ? Nous faisons le tour dans le sens des aiguilles d'une montre et remercions la colline de nous avoir écoutés. Dans le fond, je suis aussi dubitative que Dima. Mais je me sens si fragile après la claque de mes retrouvailles avec Micha que, par moments, j'ai envie d'y croire. Les expériences mystiques offrent de bons remèdes aux cœurs tristes. Le ciel s'empourpre.

– C'est bon signe de regarder le soleil se coucher depuis la colline des Prières, dit Natalia. Tout ira bien pour vous, ajoute-t-elle en plissant les yeux, je le sais, je le sens. Je vous envie même un peu. Maintenant, rentrons.

Que veut-elle dire par là ? Parle-t-elle de Dima et de moi ensemble, ou de la vie de chacun séparément ? Dans le ton de sa voix, j'ai cru comprendre qu'elle parlait de nous en tant que couple. Pourtant, nous sommes loin d'en être un. Cette idée me taraude sur le chemin du retour. Dima semble également plongé dans ses pensées. Ce soir, je dormirai seule. J'ai besoin d'espace et Dima aussi, sans doute. Je plante ma tente dans la pénombre au pied de Chamanka.

Ce matin, je me sens revigorée, adoucie, en paix avec moi-même. Mes prières de la veille m'ont fait de l'effet. Je suis arrivée ici sceptique, je repars séduite. Arkaïm est un lieu sacré, j'en mets mon âme au feu. D'ailleurs, le site n'accueille pas tout le monde. Certains autobus tombent en panne s'ils charrient des indésirables. J'ai eu tort de douter des talents de Natalia et des pouvoirs d'Arkaïm. Au moment où je la retrouve pour lui dire au revoir, elle me prend à part derrière sa tente et passe ses mains le long de mon corps de bas en haut sans me toucher.

– Tous tes chakras tournent dans le bon sens, sauf encore celui du cœur mais il est sur la voie de la guérison.

Je lui offre nos dernières réserves de nourriture qu'elle accepte volontiers, m'apprenant que c'est une tradition de laisser quelques denrées derrière soi pour les prochains.

Dima est pressé de rentrer à Tcheliabinsk. Il est déjà assis, mains au volant, prêt à décoller. La Toyota ronronne comme une Porsche. Arkaïm l'a guérie, elle aussi.

– Je viens de rencontrer un Kirghiz qui m'a dit qu'on emmagasinait tellement d'énergie ici qu'on pouvait se passer de dormir pendant des jours. Il dit que les collines sont de vraies prises de courant. Tu y crois toi ?

– Je ne sais pas. En tous cas, je me sens bien, dit-il.

« *Ou nas vsyo est,* nous avons tout », s'écrie joyeusement Dima en mettant les gaz. « Et nous aurons tout ! » Mon ami s'est approprié la devise du wagon-café où nous avons fait halte en chemin. Je m'assoupis, les yeux plongés dans la steppe. Plus les années passent, plus je suis convaincue que le génie du lieu existe. Je pensais devenir cynique. En réalité, c'est le contraire qui se passe : difficile de croire aux contes de fées avant un certain âge.

Nous traversons la rivière Oural. Une pancarte indique la fin de l'Europe et le début de l'Asie. Qui en a décidé ? Comment cette frontière a-t-elle été déterminée ? Il doit y avoir des maisons coupées en deux, des enfants qui dorment en Europe tandis que leurs parents ronflent en Asie.

Des croix de bois enguirlandées de fleurs en plastique bornent les kilomètres. Les routes russes sont les plus meurtrières du monde. Les voitures s'évitent à quelques mètres, à une fraction de seconde. Chaque fois que Dima dépasse quelqu'un, c'est la roulette russe. Le cadavre d'un chien gît sur le trottoir. Les humains ne sont pas les seuls à tomber sous la faux des grands chemins. Dima pense que les chiens savent que la route est un abattoir. Les malades et les neurasthéniques se promènent sur les autoroutes pour se faire tuer, dit-il. J'ai du mal à croire qu'une bête puisse se suicider. Dima, lui, en est persuadé. Des camionneurs en débardeur manient des instruments boueux, les mains pleines de cambouis. Non loin, des femmes vendent des fraises des bois. Nous nous arrêtons pour leur en acheter, faisant une modeste contribution à cette petite économie parallèle qui a toujours existé et que Moscou ne contrôlera jamais. Dima prend deux adolescents en stop. Ce sont des orphelins. Je leur donne treize ou quatorze ans. Ils grimpent sur la banquette arrière. L'un est blond aux yeux bleus, d'origine ukrainienne, l'autre bachkir aux yeux sombres et à la peau foncée. Ils ont la même dureté dans le regard, les mêmes ongles noirs et les mains cornées. Les maisons d'accueil en Russie regorgent d'enfants d'alcooliques, rejetés par leurs parents. En les voyant, je pense aux millions de petits êtres qui n'ont pas connu la tendresse d'une mère ou l'admiration d'un père. Que deviendront-ils plus tard ? Des bandits ou des psychopathes ? Ces deux-là ont l'air d'avoir la tête bien vissée sur les épaules. L'un souhaite devenir soudeur, l'autre chef de cuisine. Ils descendent une heure plus tard et nous souhaitent *bon voyage*. Ils se comportent déjà comme des adultes.

Taganaï

Nous atteignons les barres bétonnées de Tcheliabinsk dans la nuit. L'aura ténébreuse de la ville et l'éclat de ses lumières nous font violence. Arkaïm paraît loin. Le souvenir de Micha, lui aussi, revient me tourmenter. J'ai réussi à me mettre sur les rails de la guérison. Il ne faut pas bifurquer.

Je retrouve mon petit hôtel au-dessus du bar « Wall Street » et Dima, sa maison et sans doute sa femme. Ils se sont séparés, m'a-t-il dit. J'ai appris à ne jamais croire les hommes qui font ce genre de déclaration pour se garder une porte ouverte. Un homme marié reste un homme marié. Nous nous entendons bien, c'est déjà beaucoup. Sur la route, Dima m'a dit qu'il pouvait passer encore un peu de temps avec moi et m'a proposé d'aller dans le massif de Taganaï, au nord-ouest de Tcheliabinsk. Nous repasserons par Zlatoust – oust ! Il a besoin de la journée pour rassembler lampes frontales, sacs de couchage et provisions.

Ayant du temps devant moi, j'entreprends de visiter le musée de Tcheliabinsk. Le thème de la Seconde Guerre mondiale domine. « Toutes les forces de la patrie pour détruire l'ennemi ! En avant vers la victoire ! » harangue Joseph Staline sur une affiche. Un soldat peint en vermillon, portant le casque soviétique en forme de bol renversé, pointe le badaud du doigt : « Et toi, qu'as-tu fait pour le front ? » Grâce à la Grande Guerre patriotique de 1941-1945, les Russes savent où se situe Tcheliabinsk. Les travailleurs de choc de ses usines fournissaient chars et canons jour et nuit. Dans les années 1930, l'endroit n'était qu'une bourgade de maisons en rondins et de baraquements mal éclairés, reliés par des rues boueuses. Les seuls quartiers modernes, avec eau et gaz à tous les étages, étaient ceux de la milice, des officiels du parti et de l'usine de tracteurs.

Les bibliothèques de Paris, New York, Londres et Berlin, débordent de livres sur les grands personnages historiques du pays tels Pierre le Grand, Catherine II ou Raspoutine. Mais peu de récits portent sur la conquête de l'Oural par les cosaques, sur les grandes familles dynastiques d'industriels telles que les Demidov et les Stroganov. Même les fables et les légendes de l'Oural sont peu connues à l'Ouest. Tous les Russes ont lu l'histoire de la fleur de malachite de Pavel Bajov, un conte inspiré de vieilles croyances de l'Oural. La maîtresse de la Montagne de Cuivre, une vieille femme qui se transforme en lézard, retient Donila, le talentueux tailleur de pierre, dans ses caves aux mille joyaux. Elle l'a attiré dans son antre en lui promettant de lui apprendre à recréer à l'identique une fleur de malachite aux traits plus vivants que ceux d'une fleur des champs. La femme de Donila, Katia, réussit à le retrouver après des jours de souffrance, perdue dans la montagne, et l'arrache aux griffes de l'enchanteresse. Et l'aventure continue. Les récits de Bajov ont été peu traduits, pourtant ils nourrissent encore aujourd'hui l'imaginaire de tout le pays.

Les premiers Russes à avoir atteint l'Oural étaient des marchands de Novgorod qui voyageaient par voie fluviale et commerçaient avec les autochtones, les Ougriens, ancêtres des Khantys et des Mansis. La colonisation par les Russes marqua un temps d'arrêt au XIIIe siècle avec les invasions des Mongols et reprit à la fin du XVIe siècle avec les incursions de Yermak, mandaté par le tsar pour conquérir la Sibérie. La population de l'Oural s'étoffa au XVIIe siècle avec l'arrivée de milliers de serfs évadés et de paysans de la mer Blanche. Des vieux-croyants, persécutés par l'Église orthodoxe, gonflèrent leurs rangs. En 1736, les cosaques construisirent une forteresse à Tcheliabinsk pour contrer les attaques des nomades kirghizes, bachkirs, kalmouks et tatares. Les grands colonisateurs de l'Oural furent aussi les popes, auxquels le tsar accorda de plus en plus de terres pour y bâtir des monastères, développer l'agriculture et asseoir l'autorité de Moscou. Afin d'inciter les paysans à s'établir, ils étaient dispensés, les premières années, de céder une partie de leur production au monastère. Certains popes travaillaient la terre, d'autres étaient cordonniers, menuisiers ou pêcheurs.

Plus tard, aux XVIIIe et XIXe siècles, Tcheliabinsk servit de point de ravitaillement aux convois des exilés, un périple qui pouvait durer des années. Les bannis rejoignaient la grande route de Sibérie, principale artère vers l'est avant l'achèvement du Transsibérien, puis ils s'enfonçaient dans la taïga, loin de tout ce qu'ils connaissaient, peuplant ainsi les confins de l'empire.

En pleine leçon d'histoire, je me souviens vaguement que Dima a proposé de m'emmener à un concert de rock le soir même. Il faut rentrer se changer. Craignant de revoir Micha, je me barricade intérieurement et revêts mon armure de fille : je me maquille, me fais les ongles, enfile mes talons Pierre Hardy et ma robe Maje anthracite à paillettes. J'ai toujours une tenue de soirée dans mon sac. Ça ne prend pas de place et sait-on jamais ?

Une trentaine de personnes se sont rassemblées autour de la scène au bord du lac. Micha est à la sono et fait semblant de ne pas me voir. La petite Sveta qui lui tournait autour à Miass est toujours là. Aux entractes, ils disparaissent derrière la scène, main dans la main et sautillent comme des chats sur les rives du lac. Je fais mine de ne pas les voir et danse pour oublier. Dire qu'il y a quinze ans, j'étais prête à tout plaquer pour ce garçon. Je me serais exilée à Tcheliabinsk, n'aurais vu le soleil que quatre mois par an et me serais traînée de dépression en dépression avec un teint de ciment, comme la plupart des filles. J'aurais souffert d'aimer un homme qui aimait tant les femmes.

Le lendemain, nous partons en direction des montagnes de Taganay. « Nous avons tout et nous aurons tout ! » répète Dima. L'un de ses meilleurs amis, Valéry, est assis à l'avant avec lui. Je commence à me sentir à l'aise avec

Dima. Je dirais même que je suis prête à devenir son amie. En quittant Tcheliabinsk, je fais le vœu de ne plus jamais y revenir. Il y a tant d'endroits merveilleux sur terre. Mieux vaut éviter les poubelles post-soviétiques comme celle-ci. La Toyota émet des bruits bizarres. Tcheliabinsk ne lui a pas réussi non plus. Au bout d'une centaine de kilomètres, le capot fume et boum ! le radiateur explose. Nous nous arrêtons sur la bande d'arrêt d'urgence. Je sers d'appât et agite les bras pour demander de l'aide. Les Russes laissent crever les ivrognes, mais ils sont toujours prêts à apporter leur secours aux personnes en détresse sur la route, surtout aux demoiselles. Une Lada s'arrête. Le conducteur accepte de nous tracter avec une sangle de remorquage jusqu'à Zlatoust. La Toyota valse dans les virages, écrase les coquelicots, évite les panneaux de justesse. La voiture est abandonnée dans un parking surveillé et nous sautons dans le premier taxi pour rejoindre la piste qui mène vers les montagnes. Il ne reste que peu de temps avant le coucher du soleil.

Dans les bois, chacun veut montrer à l'autre qu'il est bon marcheur. Au bout de trois heures d'effort, nous atteignons la « rivière de pierres », un torrent asséché de blocs de grès, tatoués de lichens.

– Nous camperons ici ce soir, déclare Valéry qui connaît mieux le coin que Dima.

Je me porte volontaire pour aller chercher de l'eau. En chemin, nous avons traversé un ruisseau que je crois pouvoir retrouver. Dima veut m'escorter car, dit-il, « le quartier n'est pas sûr ». Valéry s'occupera du feu. Les nuages avalent les derniers rayons et la nuit tombe si vite qu'il faut plisser les yeux pour voir où l'on met les pieds. Un mur de broussailles nous barre la route. Nous avons dû emprunter un passage frayé par les chiens et nous éloigner de la piste. Demi-tour. La peur monte mais, l'un comme l'autre, nous faisons mine de rien. Nous cherchons le feu de Valéry qu'un rideau d'arbres occulte. Valéry ! Valéry ! Silence. Valéry ! Valéry ! Nous poursuivons notre marche. Soudain, Valéry surgit au milieu des branchages.

– Alors, comme ça je vous abandonne cinq minutes et vous paniquez ?

Valéry nous ramène à la piste. Dima et moi ne sommes pas fiers. Nous trouvons le cours d'eau, remplissons nos gourdes en silence et rejoignons Valéry qui, affamé, a commencé à se griller des saucisses au-dessus du feu. Taciturne et taiseux depuis Tcheliabinsk, Valéry se relâche au troisième verre de vodka et raconte son histoire. Il y a quelques années, il était mannequin, gagnait beaucoup d'argent et venait de signer un gros contrat avec une agence à Milan. Un jour, la fille d'un commandant du FSB lui est rentré dedans en voiture et il a eu le crâne fracassé. Il a porté plainte. Quelques jours plus tard, la mère de la jeune fille est venue le voir sur son lit d'hôpital pour lui dire que l'affaire était classée. Le père avait manœuvré pour que la plainte soit rejetée. Il n'aurait personne vers qui se tourner. Grâce aux réseaux sociaux tels que Vkontakte, le Facebook russe, Dima et ses amis ont levé des fonds pour son opération. On lui a vissé deux lamelles de titane sur le crâne pour maintenir sa cervelle en place.

Depuis l'accident, Valéry est sujet à des crises d'épilepsie et à des migraines. Il a parfois du mal à parler, surtout l'hiver lorsqu'il y a des variations de pression atmosphérique importantes. Ne pouvant plus faire d'exercice, il a perdu son physique de podium, et la hargne lui a noirci le regard. Valéry organise des manifestations et mène sa guerre contre les technocrates, contre toute la structure économique et étatique de ce pays, pourri jusqu'aux moindres radicelles. C'est le combat d'un petit homme contre le système. Dima tente de le raisonner, lui dit que la bataille est perdue d'avance. Chaque strate de la société russe est gangrenée par la corruption, des policiers aux dentistes, des pharmaciens aux pompistes. Valéry souffrira plus en cultivant sa haine qu'en tirant un trait dessus, argumente Dima. Sa seule consolation est d'avoir noué contact sur Internet avec d'autres personnes qui ont subi les mêmes injustices. Qu'on soit au XXIe ou au XVIIIe siècle, le souverain russe n'agit pas pour le peuple mais contre lui, proclame Valéry. Je commence à le croire.

Cette histoire m'a perturbée. Tout d'un coup, je n'ai plus envie de dormir toute seule. Je demande à Dima s'il accepterait de passer la nuit avec moi en tout bien tout honneur, même si ma tente n'est que pour une personne. Il me rejoint et se colle à moi. Son énergie d'ours tranquille me rassure et je m'endors vite. Il ne tentera rien et se réveillera le lendemain en se plaignant de torticolis. Vraiment, je suis sans pitié.

Nous levons le camp de bonne heure pour atteindre le premier col du massif et le pied de la montagne

Otkliknoy. Son nom signifie en russe « Celle qui répond » car ses parois réverbèrent les sons. Son immense dorsale dentelée rappelle un stégosaure broutant, tête baissée. En prenant de l'altitude, la perspective s'ouvre. Portés par le vent, les cumulus projettent des ombres chinoises sur le tapis moutonneux de la vallée. Pas une agglomération en vue. Ce paysage verdoyant pourrait être celui de notre Auvergne, avant l'époque de Vercingétorix et de ses Gaulois. Qu'il est bon de fuir la civilisation ! Je dirais même que c'est essentiel pour préserver sa santé mentale et régénérer son âme.

Dima mâchouille la tige d'une plante arrachée sur le bord du chemin pour montrer qu'il n'a peur de rien. Il me fait rire en imitant une vache qui regarde passer les touristes, avec son brin d'herbe dépassant de sa lèvre. Soudain, je crains qu'il n'ait envie de me séduire.

Otkliknoy se dresse devant nous. Nous cachons nos affaires derrière un rocher et entamons l'ascension. L'escalade est facile pour les initiés et nous atteignons le sommet rocheux en quelques mouvements. Sur le toit brûlant de l'Oural, nous avançons à pas de chat. Dima s'assied au bord d'une saillie, balançant ses jambes au-dessus du vide. Il cherche encore une fois à m'impressionner. Je ne l'inviterai pas dans ma tente ce soir. Ça commence à être dangereux. Il va me prendre pour une allumeuse si je continue à lui ouvrir mon lit sans déboutonner sa chemise. Les hommes ne supportent pas longtemps l'ambiguïté.

Selon la légende de Taganaï, le massif s'ouvre toutes les trente et une lunes pour laisser sortir les esprits par une faille. Ils s'assoient là où nous sommes et, de là-haut, provoquent des éboulements pour bloquer les routes et protéger le lieu des touristes.

– Ce sont eux les vrais gardiens de Taganaï, dit Valéry. Les chasseurs les craignent.

Le nom Taganaï signifie « Piédestal de la lune » en bachkir ancien. À certaines époques de l'année, la lune rase la dorsale de si près qu'on dirait qu'elle voudrait s'y poser. En redescendant, un chatoiement attire mon regard : des pépites de grenat moulées dans du mica. Otkliknoy recèlerait-elle autant de pierres que les cavernes de la maîtresse de la Montagne de Cuivre ? Je tombe sur d'autres pépites un peu plus loin. La richesse de l'Oural n'est pas un mythe.

Le soleil s'éloigne pour faire place à la lune mais oublie d'emporter sa fournaise avec lui. La chaleur stagne. Dima transpire torse nu en débitant des bûches avec dextérité. Encore une démonstration de virilité ou est-ce moi qui imagine qu'il cherche à m'épater ? Au dîner, Valéry porte un toast à Otkliknoy et verse un demi-verre de vodka au pied de la paroi – une tradition païenne pour saluer l'hôte des lieux. Valéry raconte que l'hiver, les chasseurs croisent de temps en temps une vieille dame, toute de blanc vêtue, qui marche pieds nus dans la neige. Elle ne parle jamais à personne et disparaît aussi vite qu'elle est apparue.

– Encore une histoire de type qui a trop bu, tu ne crois pas ? dis-je à Valéry.

Les journées dans l'Oural passent comme un éternuement : elles commencent et s'achèvent sans prévenir.

Tous les matins, je me réveille sans savoir ce qui m'attend. Cette nuit, Dima, lui, n'a pas fermé l'œil tellement Valéry a ronflé.

– Ce soir, Astrid et moi dormirons dans ta tente qui est beaucoup plus grande, dit-il en allumant le feu de camp. Tu prendras celle d'Astrid. Comme ça, on ne t'entendra pas.

Valéry peste, Dima insiste et ne lui donne pas le choix. L'étau se resserre. Je vais devoir faire preuve de finesse et d'agilité. Je suis Valéry dans la vallée des Contes, une crête boisée qui relie Otkliknoy au dôme rocailleux de Krouglitsa, la « toute ronde » qui domine l'horizon. Pour faire prendre l'air à mon français, je chante Brel et Gainsbourg. Depuis des semaines, je ne parle que russe et cela commence à me peser. J'entonne le *Port d'Amsterdam* et *Les Bourgeois*. J'adore faire appel à des références musicales étrangères au lieu où je me trouve, comme chanter *La Javanaise* en Russie, des rondes québécoises en Angleterre, et Piaf à New York. Valéry aime l'idée.

La vallée des Contes porte bien son nom. Façonnés par le vent et la pluie, les rochers semblent vivants. Nous croisons un hérisson, un corbeau et un profil de vieil homme. Il y a des centaines de millions d'années, la mer s'étendait ici. Avec ses rochers anthropomorphes, l'endroit me rappelle la côte de granit rose armoricaine (décidément la France me manque !) et le sentier des douaniers, sans la mer, l'iode et les embruns. De vieux sapins desséchés, dégarnis et couverts de mousse, nous saluent. Leurs bras tournés vers le sol leur donnent un air résigné. Avec un peu d'imagination, on croirait voir des sorcières aux cheveux ébouriffés et au regard hilare.

Nous atteignons un rocher angulaire marqué de trois points rouges, qui représentent, selon Valéry, la trinité inhérente à toute religion. Ils sont entourés d'un cercle, qui lui-même symbolise l'infini du temps.

– C'est le signe des disciples du mouvement de Roerich, dit-il. Ils viennent souvent ici.

Le peintre Nikolaï Roerich, auteur de paysages tibétains aux couleurs vives, créa un cercle théosophique au début du XXe siècle avec sa femme Elena. Faisant écho aux animistes, les théosophes affirment que chaque élément dans l'univers, qu'il soit vivant ou non, est imprégné d'une conscience et d'une énergie. Le couple Roerich prônait un syncrétisme entre hindouisme, bouddhisme et une lecture analogique des connaissances scientifiques et culturelles afin de percer les mystères de la Vérité et de mieux connaître le Divin. Ils adhéraient à la réincarnation évolutive, c'est-à-dire qu'une fois réincarnée en homme ou en femme, une âme ne pouvait plus revenir à une forme végétale, minérale ou animale. L'objectif était d'atteindre une forme spirituelle élevée et dématérialisée pour ne plus avoir à se réincarner. Les idées des Roerich connurent beaucoup de succès aux États-Unis. Le couple a repris les écrits de l'aventurière russe du XIXe siècle, Helena Blavatsky, l'une des fondatrices de la théosophie moderne. Madame Blavatsky affirmait jouir de pouvoirs psychiques grâce à ses interprétations de l'hindouisme et du bouddhisme. Selon elle, la connaissance de certains enseignements permettait de développer ses dons. Pour Roerich, « la matière, c'est l'esprit cristallisé, l'esprit, c'est la matière sublimée ».

En écoutant Valéry, je comprends que les disciples du mouvement de Roerich surfent sur la vague New Age, partageant le même intérêt pour les sciences occultes et la même quête de sagesse et de vérité. La vallée des Contes attire des mordus d'ésotérisme et de phénomènes paranormaux. Je prête attention à chaque détail, chaque pierre, chaque branche d'arbre, me disant que je pourrais y lire un signe, y trouver une expression du divin ou un objet de culte. Au bout du chemin, sur une crête, un petit sapin charnu haubané de rubans se balance dans le vent.

– C'est l'arbre des rêves, dit Valéry.

Je libère mes cheveux de mon élastique et le noue à une des branches. Valéry devine mon vœu.

– Dans un an, tu seras enceinte. En général, je ne me trompe pas.

Valéry est la deuxième personne qui me prédit que je serai bientôt grosse. La première était Natalia à Arkaïm. Mais de qui ? J'aimerais bien savoir…

Sur le sommet de la montagne Krouglitsa, un géant a jeté en vrac des blocs de magma. Des grandes dalles granitiques vacillent sous nos pas, enchevêtrées les unes dans les autres. Je saute par-dessus les espaces vides, m'accrochant aux branches de genévriers. Ces stèles ressemblent à des pierres tombales. Quelques-unes portent des plaques commémoratives. « Nous ne t'avons pas oublié, rien ne sera jamais oublié », dit l'une d'elles. « Il a réussi à conquérir la montagne et s'est incliné devant elle. Sergeï Sokolov, grand alpiniste, a conquis l'Everest à 8 848 mètres mais n'est pas rentré du sommet K2 à 8 611 mètres le 1.08.2004. »

Au sommet de Krouglitsa, à plus de mille mètres au-dessus du niveau de la mer, une grande perche en bois vacille dans le vent. Les touristes s'en sont servi de vide-poche. Ils y ont accroché sacs en plastique et paquets de cigarettes. Je redescends vite, rebondissant sur les blocs de quartzite. À mi-chemin, Valéry, qui me suivait, s'arrête net et me dit :

– Lorsque les rayons du soleil chauffent les pierres et que l'humidité monte, les contours de Krouglitsa ondulent et il se produit un mirage : le dôme se détache de son socle comme une soucoupe volante, dit-il.

Je commence à souffrir d'une overdose d'histoires insolites. Les Russes, eux, semblent ne jamais en avoir assez. Ils voient sans cesse des signes partout et bâtissent de grandes théories autour d'eux. Est-ce parce que les Russes n'ont jamais eu leur siècle des Lumières, avec sa guerre déclarée aux superstitions, qu'ils donnent autant de place aux idées saugrenues et aux phénomènes irrationnels ?

Valéry m'emmène vers le dernier pic de la chaîne, Dalny Taganaï (la Taganaï lointaine). Là-bas, le soleil ne se montre jamais. C'est là où se mijote le mauvais temps qui va s'abattre sur l'Oural. D'ailleurs, on appelle aussi l'endroit la « cuisine. » Nous gravissons un sentier embaumé d'odeurs de mousse et de champignons. J'entends les mésanges zinzinuler. Encore des fous, doivent-elles se dire en nous regardant passer. Trois piliers stalagmitiques apparaissent.

– Si on reste en leur présence trop longtemps, on peut souffrir de migraines ou avoir des hallucinations, dit Valéry.

Éléments que l'on croit sans vie, les pierres possèdent une charge mantique. Certaines émettent une énergie positive, d'autres négative. Certaines guérissent, d'autres rendent malades. Je me demande s'il y a un seul endroit normal ici… Ces rochers, évidemment, ont leur légende – encore une ! À Taganaï vivait un géant qui avait bâti sa fortune sur les pierres précieuses extraites des entrailles du massif. Il avait remisé ses plus belles pièces dans une malle secrète. Un jour, ses trois fils la découvrirent, s'en emparèrent et disparurent. Le géant pleura longtemps le départ de ses enfants. Des années plus tard, ils revinrent, pris de remords et avouèrent leur crime. Fou de rage, le géant de Taganaï s'abattit sur ses fils et les transforma en rochers. Depuis, ils sont là, debout, condamnés à se morfondre éternellement. Les géologues affirment que ces trois rochers sont allochtones.

– Cela se voit à l'œil nu, dit Valéry.

– Bien sûr, dis-je.

Valéry m'a épuisée avec ses fables. Le soleil est en train de se prendre une chambre en Occident pour la nuit et je ferais bien de même. Taganaï se situe à la frontière entre l'Asie et l'Europe. Je ne sais plus sur quel continent nous sommes. Mais cette démarcation géographique finalement importe peu car mon attention se porte sur une autre frontière – celle entre le territoire de Dima et le mien. Il a réquisitionné la tente de Valéry pour qu'on s'y installe ensemble ce soir. Comment vais-je faire pour qu'on ne traverse pas cette ligne subtile entre amis et amants. Je sens que nous nous rapprochons de jour en jour, émotionnellement et physiquement. Nous discutons sans arrêt, parfois même de sujets très intimes. J'aimerais rester du côté de l'amitié – si possible.

Une lumière palpite à travers les sapins, le feu de camp de Dima. Notre ami veille sur les pommes de terre qu'il a nichées dans les braises. Il me fait partager sa tasse de thé et je pense bêtement : c'est un peu comme si on s'embrassait. Valéry tente une dernière fois de convaincre Dima de le laisser dormir dans sa tente mais mon compagnon contre-attaque.

– Tu m'as empêché de fermer l'œil toute la nuit et Astrid ne veut pas partager ta tente !

Ce n'est pas moi qui vais le contredire. Valéry cède. Dima part faire un tour afin qu'on ne se couche pas au même moment. Je lui en suis reconnaissante et en profite pour me faufiler dans mon sac de couchage. Je sombre dans le sommeil en quelques secondes, assommée par le géant de Taganaï.

Les rayons du matin envahissent la tente. La nature se réveille. J'entends les abeilles butiner, les ramures se gonfler du chant des oiseaux et le vent frémir dans les taillis. Une main glisse sur mon échine. Je mets une longue seconde à réaliser que c'est celle de Dima. J'écoute sa respiration et fais semblant de dormir. Il se rapproche de moi, caresse mon bras. Je n'ose pas répondre. Une chaleur étouffante envahit la tente et rend ma peau halitueuse.

Dima m'enlace de côté et me serre dans ses bras. Les yeux toujours fermés, il m'embrasse la joue, me caresse de nouveau le bras puis, se rendort, sourire aux lèvres. Misère ! J'ai terriblement soif et si je bouge, je vais briser le charme. Je résiste un moment puis me lève pour boire dehors à grandes goulées et me verser de l'eau sur le visage. Je ne sais pas ce qui s'est passé mais c'était délicieux. Dima sort de la tente. Nous nous fuyons tous les deux du regard et faisons comme si rien ne s'était passé. Valéry dort encore.

Je sens que Dima veut m'attraper la taille et m'embrasser mais se retient. Pour faire diversion, il m'emmène discuter avec Victor, le garde forestier, un homme trapu d'une cinquantaine d'années au visage tanné. L'homme des bois remarque mon accent.

– Ah ! Vous êtes française, dit-il. Je vais vous raconter une anecdote. Pour ne pas avoir à transporter mes pommes de terre et mes carottes, j'en ai planté dans les bois. Comme ça, une fois sur place, je n'ai plus qu'à me baisser pour les ramasser. Il y a quelques années, j'ai accompagné un groupe de botanistes français qui étaient venus étudier nos arbres millénaires. Leur chef a trouvé mes légumes et a cru faire une découverte majeure. Une nouvelle variété de pommes de terre sylvestres ! Il a appelé Paris pour annoncer la nouvelle. Je ne lui ai rien dit pendant deux jours, ne voulant pas le décevoir. Ensuite, je lui ai avoué la vérité et il s'est effondré. Bon, ils étaient gentils, ces Français mais prétentieux. Je les ai un peu remis à leur place comme ça.

– Ah ! Pas facile d'être français en Russie, dis-je.

Viktor n'est pas le premier Russe qui prend plaisir à se moquer des étrangers. Il y a une réserve, une distance, j'oserai même dire un certain racisme dans l'Oural qui m'a paru moins vigoureux, ailleurs en Russie. Des années 1930 au début des années 1990, la région était une zone militaire, fermée aux étrangers. Tout individu qui n'était pas d'ici était suspect et cette attitude s'est ancrée dans les mœurs au fil des ans. Le marquis de Custine avait remarqué, lui aussi, cette méfiance envers les étrangers lors de ses pérégrinations en Russie au cours de l'été 1839. « La Russie est un pays où tout le monde conspire à tromper le voyageur », écrivait le marquis en rentrant chez lui, déçu par ce qu'il avait vu. « Tout voyageur est un indiscret ; il faut le plus poliment possible garder à vue l'étranger trop curieux, de peur qu'il ne voie les choses telles qu'elles sont, ce serait la plus grande des inconvenances[1]. »

Dima sent que Victor m'a vexée. Nous sommes plus liés par la pensée que nous ne voudrions l'admettre.

De retour au camp, je vais chercher de l'eau à la source qui se trouve sur le bas-côté du col et croise en chemin une taupe lilliputienne, une espèce de châtaigne à poil ras avec un trait brun foncé sur le museau. Ses petits yeux noirs ne voient pas ma main qui s'approche d'elle. Je la prends doucement et la pose loin du chemin, au pied d'un arbre, pour que personne ne la trouve. En m'éloignant, je repense à ce qui s'est passé ce matin avec Dima. Je suis comme cette petite taupe : aveugle, j'avance à l'instinct.

---

1. Custine, *Lettres de Russie*, Folio, 1975, p. 224.

Dima et Valéry doivent rentrer chez eux demain. Nos chemins vont se séparer bientôt. Dima chante des ballades au coin du feu. Le vent a tourné. En quelques heures, nous sommes passés de l'été à l'automne. Il ne doit pas faire plus de huit degrés. Malgré ma veste en polaire, je meurs de froid et danse pour me réchauffer. Me voyant grelotter, Dima me prend la main, m'assied sur ses genoux et m'embrasse franchement, sans prévenir. Je me laisse faire. Son baiser volé s'affirme et dure. Nous avions attendu ce moment toute la journée. Valéry n'a pas du tout envie de tenir la chandelle et disparaît dans la forêt.

Fébrile, Dima pointe la tente. Je le suis. Comme ce matin, nous prenons notre temps avec des gestes délicats. Dans ce domaine-là aussi, nous avons l'impression de nous connaître depuis longtemps. Nuit longue et passionnée.

En me levant, trois mots me viennent à l'esprit : *What the hell !* littéralement « quel enfer ! » mais aussi « au diable la raison ! » Une fois le pas franchi, il faut s'en réjouir. C'est aussi cela, vivre dans l'instant.

Nous rassemblons nos affaires et pressons le pas pour attraper le train qui doit m'emmener à Ekaterinbourg et Valéry à Tcheliabinsk. Par la suite, je m'envolerai pour Moscou où je dois régler quelques questions administratives et reviendrai dans l'Oural dans une dizaine de jours. Dima, lui, compte rester à Zlatoust pour réparer sa voiture.

En chemin, une ombre de tristesse traverse notre regard. Nous nous efforçons de ne pas penser à la suite. Nous en sommes à nos derniers instants ensemble. À la lisière des bois, mon cœur s'alourdit. Ce carrefour signifie la fin du voyage, la fin de cette aventure. À la gare, le quai est désert. Nous sommes dimanche. Il n'y aura plus de trains aujourd'hui.

– Sous les communistes, il y avait toujours des trains ! peste Dima. Il faut réfléchir. Mais d'abord, une bonne bière !

Nous nous asseyons sur les escaliers à l'entrée de la gare. Valéry tourne en rond, le portable collé à l'oreille. Dima me toise. Le bleu de ses yeux jaillit de son visage bronzé. C'est le seul homme que je connaisse dont la couleur du regard change avec l'humeur. Quand tout va bien, le bleu est clair, lumineux, presque translucide et, au premier nuage, il fonce. À présent, ses yeux tournent au marine.

– Pourras-tu encore voyager avec moi ?

– Je me peux pas m'engager pour l'instant. Je dois d'abord réparer ma voiture.

Se pose aussi le problème de sa femme mais il n'en parle pas. Valéry a trouvé un copain qui me conduira à Ekaterinbourg, à quelques centaines de kilomètres d'ici. Valéry et Dima dormiront à Zlatoust. En regardant Dima, je me dis que nous nous séparerons maintenant pour mieux nous retrouver plus tard. Nous ne nous disons rien mais sentons bien, l'un et l'autre, que quelque chose se passe entre nous.

L'ami de Valéry apparait trop vite dans une Jigouli noire aux vitres fumées. Je prends toujours des voitures minuscules pour les grandes distances et des paquebots pour me rendre à trois pâtés de maisons. Cette règle se confirme aujourd'hui. Valéry me salue d'une franche poignée de main. Dima me donne sa dernière bière pour la route. En m'enlaçant, il me dit en souriant :

– Nous avons tout et nous aurons tout !

La phrase du wagon-café.

– Oui, oui ! Nous aurons tout !

Je fonce dans la voiture. Une fois la porte fermée, j'éclate en sanglots. Heureusement, Dima ne peut pas me voir à travers les vitres teintées. Il est revenu s'asseoir sur les marches. Il a les yeux couleur charbon.

La surprise

Ekaterinbourg. L'envahissante, la vulgaire civilisation me saute au visage. Trop de lumières, de murs, de bruits. Les sens sont assaillis. Crissements de pneus, klaxons, feux rouges, feux verts, rangées de réverbères, panneaux, pubs, putes. Ah ! Si je pouvais tout effacer, tout annuler ! Trop tard. La ville nous a avalés. Elle nous recrachera demain. Il est une heure du matin.

J'atterris chez Natalia, la pigiste de l'agence de presse pour laquelle je travaille, une femme dynamique qui m'offre la chambre de sa fille, partie en colonie de vacances. Les collègues n'hésitent pas à ouvrir leur porte, quelle que soit l'heure du jour ou de la nuit, surtout dans les bords du monde comme l'Oural. Je me couche dans les bras de Bambi, cherchant ceux de Dima et vérifie une dernière fois mon téléphone portable. Toujours pas de message. Que pourrais-je lui écrire ? Dans le doute, mieux vaut ne rien faire.

En sirotant son café du matin, Natalia me demande pourquoi je suis là et, comme tout le monde, elle trouve absurde mon ambition de retrouver des civilisations oubliées. Elle aussi pense qu'il n'y a plus grand monde dans les montagnes de l'Oural. Elle m'indique des géologues devenus guides qui pourraient m'aider. Ils ont arpenté toute la chaîne, des collines du sud aux sommets du nord et, ne pouvant plus vivre de leur science, ils vendent leur connaissance du terrain aux touristes. Leur bureau se situe au fond d'un couloir, dans une galerie commerciale.

Les géologues me conseillent plusieurs routes. Mon problème sera la partie centrale de l'Oural car il n'y a là-bas que des prisons et des mines. Sans autorisation spéciale, il n'est pas sûr que les étrangers soient admis. La région est inhospitalière, mal desservie par les bus et les trains, ce qui me donne encore plus envie d'y aller. Pour les permis, je me débrouillerai. Les géologues me disent que je pourrais y croiser des Mansis et des Khanty ; sans doute ne veulent-ils pas me décourager. Au bout de deux heures de discussion, j'ai un itinéraire. Je commencerai par Oufa, capitale de la Bachkirie. J'ai toujours été intriguée par cette petite république du sud de l'Oural, dont on dit que la nature a été aussi bien préservée que la culture bachkire, malgré quatre siècles de domination russe. À Oufa vit un historien, auteur de livres sur les mystères d'Arkaïm, que je souhaiterais rencontrer. Je partirai explorer les montagnes de Bachkirie puis mettrai le cap sur la partie centrale de l'Oural. Je me rendrai ensuite dans la région polaire en remontant l'Ob, l'été, des bateaux circulent en permanence sur le fleuve. Assise dans le bureau des guides, je note leurs conseils, examine leurs cartes et réfléchis au matériel nécessaire. Mon téléphone portable vibre. SMS de Dima : « Quand pars-tu pour aller à Moscou ? » Je lui renvoie : « Demain soir. » Réponse : « Et si je venais te rejoindre à Ekaterinbourg ? » « Oui ! Viens ! » « OK. Je vais voir. » Pendant ce temps, les géologues me font des photocopies de leurs cartes, égrainent les noms de villages et me tendent des numéros de téléphone. Je n'arrive plus à me concentrer. Dima pourrait être là dans quelques heures. Il ferait des centaines de kilomètres pour passer quelques heures avec moi. S'il était assez fou pour faire ce voyage, je ne l'en aimerais que plus.

En fin d'après-midi, je reçois la plus belle nouvelle de tous les temps : « Assis dans le bus, en route vers toi. »

J'arrive à la gare routière, haletante. Pas de Dima. Son autocar est arrivé en avance. Il doit rôder dans les parages. Le mieux pour le perdre, c'est de le chercher. Il sait que je suis là. Je scrute la rue. Où est-il ? Je commence à craindre qu'il m'ait fait une blague. Il n'est peut-être jamais monté dans le bus. Le temps passe. La ville bourdonne. Des gens affairés circulent dans tous les sens. Je lui donne un quart d'heure, ensuite je rentre.

Des mains me couvrent les yeux. C'est Dima ! Nous nous jetons dans les bras l'un de l'autre. Vingt-quatre heures auront suffi pour que nous trouvions le temps long. Une virée à travers Ekaterinbourg s'impose pour fêter nos retrouvailles. Natalia nous a transmis de bonnes adresses. Ça sert à cela, aussi, une journaliste. Je raconte à Dima mon programme pour la suite du voyage.

– Ça serait quand même mieux si je venais avec toi, non ? Une étrangère seule dans des endroits comme ceux-là. Tu es inconsciente !

– Je vadrouille en Russie depuis vingt ans. Je sais me débrouiller et ne pas prendre de risques inutiles. Ne t'en fais pas !

Dima ne sait pas encore s'il pourra m'accompagner. Avec un litre de bière dans le sang, j'ose lui demander :

– Et ta femme ?

– Nous sommes séparés, je te l'ai déjà dit.

– O.K., O.K.

Je n'en saurai pas plus. Inutile d'insister. Je pourrais tout gâcher. Nous rentrons chez Natalia au petit matin et nous nous écroulons sur le lit de sa fille.

Au réveil, il ne me reste plus que quelques heures avant de m'envoler pour Moscou. Nous nous promenons sur les quais de la rivière Iset d'où nous admirons les gratte-ciel et l'hôtel Hyatt cinq-étoiles construit par Bouygues, repaire des diplomates français en poste à Ekaterinbourg.

Nous nous asseyons dans un parc au bord de l'eau. Dima se désaltère d'un mélange de whisky et de jus de pomme. Je lui parle de la France, de mes endroits préférés dans les Alpes et en Bretagne. Il se met à rêver qu'il les verra un jour. Dima n'est jamais passé à l'Ouest. Il a entraperçu l'Allemagne de l'Est et l'Afghanistan lors de son service militaire dans les années 1980. Depuis, il n'a pas quitté l'Oural. C'est un *Homo sovieticus* qui n'a jamais franchi le rideau de fer.

Il m'accompagne à l'aéroport en taxi et nous précipitons les adieux.

– Nous avons tout et nous aurons tout ! crie Dima en me disant au revoir.

– Oui, oui ! Nous aurons tout !

Je disparais dans la zone de contrôle des passeports. Cette fois, je ne suis pas triste. Je sais que nous nous reverrons. L'altitude met les choses en perspective. Je n'arrive pas à croire ce qui vient de m'arriver. Lorsque je suis montée dans le train pour Tcheliabinsk, il y a quelques semaines, mon ambition était de revoir Micha et d'explorer l'Oural. Je ne m'attendais jamais à vivre une romance avec un autre. Selon un vieux proverbe russe, « si tu veux faire rire Dieu, raconte-lui tes plans ». Quelque chose me dit que je n'ai encore rien vu.

À Ekaterinbourg, Dima m'a confié qu'il aimerait bien être autre chose qu'un amant. Cet homme, c'est d'abord une amitié, le pilier le plus sûr si tout le reste fiche le camp. Est-ce dangereux qu'une tendresse se transforme en passion ? Non. Non. Il est trop tôt pour se poser ce genre de questions. Je ne dois pas oublier que Dima est marié. À Tcheliabinsk, je ne pouvais pas venir chez lui. « Ça serait trop long à t'expliquer. » Sa remarque avait éveillé quelques soupçons sur sa relation avec sa femme.

Dima est un amour qui a bondi sur moi. Au début, il ne m'attirait pas du tout. J'avais les yeux voilés par les larmes versées pour Micha. Je n'étais pas disponible. Ma guérison a commencé à Arkaïm et s'est poursuivie dans les massifs de Taganaï.

Lorsque j'ai rencontré Dima, je me disais qu'il était trop bavard, trop capricieux. Maintenant, je fais abstraction de ses sautes d'humeur et de ses histoires sans queue ni tête. Nous sommes devenus de bons compagnons de route. Nous verrons si nous deviendrons un jour des compagnons de vie. Dima a une personnalité affable et agréable. Les étrangers s'adressent à lui volontiers. C'est un moujik qui réfléchit peu, qui a un bon sens de l'humour et de l'endurance. Je lui trouve des traits fins et des airs de félin avec le bout de ses oreilles qui dépassent de ses cheveux bruns. Et ses yeux, clairs comme l'eau des lacs de l'Oural, m'invitent à plonger sans hésiter.

Je me souviens à présent des paroles de Micha lorsqu'il m'a parlé de Dima pour la première fois.

– Ah ! Dima, tu verras, c'est un chouette type.

À Moscou, le temps passe vite. Je me fais happer par mes amis et mes rendez-vous. Dima et moi échangeons des SMS nuit et jour pour garder tendu le fil de notre pensée, de notre existence commune. Je me retiens de lui écrire que je suis triste et que j'ai peur de le perdre. Plus les jours passent, plus la certitude monte en moi que nous allons nous revoir.

Oufa

J'ai mis le cap sur Oufa avec l'espoir d'y rencontrer l'historien Vladimir Poutenikhin, l'un des plus grands spécialistes d'Arkaïm. Selon lui, la terre des premiers Aryens recèle de précieux secrets sur le passé et l'avenir de l'humanité et sa mission est de les déchiffrer, de les interpréter et de les partager. Lors de ses séminaires et de ses retraites à Arkaïm, Poutenikhin exhorte à se soigner soi-même car, explique-t-il, l'origine du mal est en chacun de nous et nous avons tous les moyens de nous autoguérir. Il suffit d'avoir la foi, de prier et de faire le plein d'énergie positive pour chasser ses démons. Poutenikhin a élaboré des théories fascinantes sur la région. Par exemple, le swastika, symbole de bonne fortune avant que les nazis ne s'en emparent, trouva l'une de ses premières expressions géographiques dans cette région, formée par le croisement des rivières Oural, Volga, Tobol et Ob. J'ai très envie d'en savoir plus sur les idées atypiques de ce mystérieux professeur.

Tout s'accélère dans les minutes précédant mon départ en avion de Moscou pour Oufa. Après plusieurs tentatives infructueuses, Poutenikhin me répond enfin au téléphone. A priori, notre entrevue s'annonce mal. Il déteste les journalistes et n'a pas de temps pour moi. Je le supplie de se raviser, lui dis que je viens exprès de Paris pour le voir. Il doit me trouver effrontée et même un peu cinglée. Au bout de quelques minutes, il cède et me donne rendez-vous à vingt-cinq kilomètres de l'aéroport d'Oufa sur l'autoroute, à côté d'une station d'essence. De là, nous irons à sa maison de campagne. Pour Dima, je ne suis pas inquiète. Il connaît mon heure d'arrivée et sa voiture ronronne depuis les réparations.

La république de Bachkirie – un petit pays en forme de cœur de cinq cents kilomètres de long et de large – se trouve coincée entre le Tatarstan et la partie sud de l'Oural, du côté européen de la chaîne. Vue du ciel, sa capitale, Oufa, ressemble plus à une banlieue qu'à une grande ville. On y compte plus de ramures que de béton. Quelques bâtisses de couleurs vives égayent la ligne des toits, dominée par de longues bandes grises.

À l'aéroport d'Oufa, derrière les panneaux vitrés de la salle des arrivées, je repère tout de suite mon homme. Nos yeux se disent qu'il était temps que nous nous retrouvions. Dima m'attrape et m'écrase dans ses bras. Nous restons collés, ensevelis sous une avalanche de baisers jusqu'à ce que tous les passagers aient disparu. Dans la Toyota, une seule envie : se jeter l'un sur l'autre. Dima vire dans un champ de maïs. Ça doit faire au moins dix ans que je n'ai pas fait de chatteries dans une voiture. Comme la bicyclette, ça ne s'oublie pas. Trois corneilles perchées sur la ligne d'un poteau télégraphique nous épient du coin de leur œil noir.

Les retrouvailles consommées, ma paume se place derrière le cou de Dima, je passe mes doigts dans ses cheveux. En glissant son oreille dans ma main comme un chat qui cherche la caresse, il me susurre :

– J'ai quelque chose pour toi.

Il sort de sa boîte à gant une bague en agate, couleur tabac blond. Elle me va parfaitement. Je m'interdis de lire quoi que ce soit dans ce geste, malgré sa symbolique.

Poutenikhin téléphone pour protester. Il nous attend sur l'autoroute. Je l'ai tanné pour qu'on se voie et je ne suis pas au rendez-vous. Nous mettons les gaz. Poutenikhin, un petit homme trapu aux yeux turquoise, claque la porte de son Audi en nous voyant arriver et vient nous saluer d'un pas énervé.

– Bon, maintenant suivez-moi !

Nous longeons des dizaines de têtes foreuses. La Bachkirie est l'un des principaux fournisseurs de pétrole de la Fédération de Russie. Grâce à son or noir, le pays a préservé son indépendance vis-à-vis de Moscou ainsi que sa langue et sa culture. Poutenikhin roule vite et, sans prévenir, fonce droit dans une forêt par une piste étroite. Une barrière métallique s'élève. Vaches et chevaux se promènent en liberté de chaque côté de la route. Plus loin, on a construit des étables, un potager et une serre, de quoi nourrir sa famille toute l'année. L'air sent la vanille. La femme de Poutenikhin, une blonde slave, toute fraîche, de vingt ans sa cadette, nous invite à boire le thé. J'ai du mal à faire démarrer le professeur sur Arkaïm. Il me met en garde dès que je prononce ce mot.

– Tu joues avec le feu. Tu ne te doutes pas des forces qui sont à l'œuvre là-bas. Tu pourrais t'attirer des ennuis.

Je lui réponds que tout s'est bien passé et que je suis repartie d'Arkaïm en meilleure forme que lorsque j'y suis arrivée.

– Tu ne sais rien d'Arkaïm. C'est réservé aux gens qui le méritent. Celui qui a un lieu sacré possède le monde. Depuis quinze ans, j'aide les gens à trouver la voie de la guérison sans avoir recours à la médecine. Chaque année, je reçois des centaines de lettres de remerciement. Ceux qui ont fait un vœu à Arkaïm m'assurent qu'il s'est réalisé. C'est un fait. Et puis j'ai rencontré des dizaines de scientifiques qui ont démontré qu'Arkaïm avait une réelle influence sur l'état psychique et émotionnel des gens.

Les séminaires de Poutenikhin à Arkaïm attirent des hommes et des femmes brisés, des personnes malades ou qui souhaitent changer de vie. Je croyais avoir déniché un historien sérieux. Je suis tombée sur un gourou et les affaires ont l'air de bien marcher, à en juger par son Audi, sa maison et sa jolie femme.

Ensuite, les choses se compliquent. Poutenikhin m'attaque sans arrêt. Il refuse de croire que je suis ici pour moi et non pas pour une sombre organisation étrangère.

– De toute façon, vous, les Européens, vous n'avez plus d'âme. C'est nous qui vous sauverons ! C'est pour cela que vous venez ici. En Europe, la vie spirituelle a disparu. Et vous ne vous en rendez même pas compte !

Brusquement, Poutenikhin se lève et annonce qu'il rentre à Oufa. Il fait confiance à Dima et accepte que nous passions la nuit dans sa maison de campagne. Avec son potager et sa forêt de bouleaux, cette élégante demeure en bois ressemble à celle que je rêverais de posséder un jour.

Nos hôtes volatilisés, nous restons des heures assis face à face, à échanger des pensées et des rêves. Le temps passe – sans nous. Il nous arrive de plonger si profondément dans l'âme de l'autre que, par pudeur, nous remontons vite à la surface. Poutenikhin nous a permis de nous servir dans son jardin. Nous dînons de concombres, tomates, radis et groseilles, offerts par la généreuse terre de Bachkirie. Plus tard dans la soirée, nous partons explorer les environs. Sur la route, des paysans mènent nonchalamment leurs vaches. À l'entrée du village, des enfants font la course à vélo et rient aux éclats pendant que d'autres rentrent, les épaules voûtées, dans des maisons aux volets en bois sculpté, aux fenêtres voilées de dentelle. Ce hameau aurait pu servir de décor à la chèvre bleue et au coq blanc de Chagall. Par sa hauteur, l'église domine le village mais reste muette. Ses cloches ont disparu. Peut-être construira-t-on des minarets à la place, car dans cette région, les musulmans sont en train d'éclipser les orthodoxes.

Le lendemain matin, de la grange émane un brame étrange. Un jeune élan gît sur un tas de paille, l'œil dolent et les hanches creuses.

– On a dû tuer sa mère et l'amener ici pour le nourrir mais s'il reste là, il va crever, dit Dima. Que risquons-nous à le libérer ? Nous partons demain.

Nous lui ouvrons la porte, l'animal se lève et sort en boitant. Nous l'effrayons pour qu'il s'enfuie mais il n'en a pas la force. Quelques heures plus tard, nous le croisons près d'un puits.

– Pas sûr qu'il s'en sorte, dit Dima.

Nous témoignons tous deux plus de commisération pour les bêtes que pour les hommes. Une chouette se pose sur une branche de bouleau et nous considère de ses calots ambrés.

Observant le rapace, perché fièrement sur sa branche, Dima me confie qu'il se prépare à vivre en forêt comme lui. Il compte vendre son appartement, sa voiture et sa télé et construire une cabane au bord d'une rivière où il vivra de chasse, de pêche et d'apiculture. Son projet me paraît idéaliste et romantique mais je ne peux m'empêcher de rêver quelques minutes d'une vie en cabane avec mon ours. Pourquoi pas ?

Au lever du soleil, direction les montagnes de Bachkirie. Des jeunes filles en minijupe vendent du miel sur le bord de la route. Elles attirent le client, leur mère empoche l'argent. Dima prend en stop une paysanne avec un fichu sur la tête et un panier de légumes dans les bras. Cinq minutes plus tard, nous nous arrêtons pour aider un type qui n'a plus d'essence. Nous accrochons sa voiture avec une sangle pour la tracter jusqu'à la prochaine station. Les bons Samaritains de l'Oural, c'est nous ! Parquée sur le siège arrière, les mains posées sur son panier, la paysanne a un regard de vache qui n'inspire pas l'échange. Dima fait abstraction de son attitude. Il adore prendre les gens en stop.

– On ne sait jamais sur qui on va tomber ! C'est un peu comme les clubs de rencontre sur Internet.

La paysanne descend en même temps que le Russe. La nuit tombe sur les cimes de Bachkirie. Ne sachant pas où dormir, nous optons pour le six-étoiles de Dima : sa Toyota. Dans une cafétéria, mon compagnon me fait le récit de sa vie amoureuse en enchaînant les shots de tequila avec sel et citron. Je l'interromps car je n'ai aucune envie de connaître son tableau de chasse. Moins on en saura, mieux on s'entendra, je pense. Il y a des sujets sur lesquels je préfère jeter un voile pudique. Mon séjour à Tcheliabinsk m'a vaccinée contre les allers et retours dans le passé. Dorénavant, je souhaite me concentrer sur le moment présent.

Dima n'est pas en état de conduire mais nous prenons quand même la route et tournons dans le premier champ, filant sous la lune à travers les blés bleus, pleins phares, fenêtres ouvertes. La chaleur diurne est tombée. Nous nous construisons un nid dans sa voiture, un refuge pour évadés. Dehors, les cigales chantent et nos cœurs battent la mesure. Sous des millions d'étoiles, nous échangeons des éclairs uniques. Tout l'univers est là, avec nous et en nous. Des larmes me montent aux yeux. Ces secondes divines ne reviendront pas. Si être heureux, c'est savoir qu'on l'est – avoir de la tristesse au même moment, c'est savoir aussi que cela ne durera pas.

Assoupis à côté d'un troupeau de chèvres, nous les entendons bêler ce matin. Nous avons dû les effrayer hier soir en roulant comme des fous dans les champs. Dima verse de l'eau d'une bouteille sur mon corps nu et ma peau sèche au soleil en quelques secondes ; une douche en plein air comme on les aime. Dima abreuve les abeilles, assoiffées par la chaleur et les observe avec le regard attendri et paternel de l'homme qui rêve de devenir apiculteur.

Plus tard, notre chemin nous mène devant un centre thérapeutique, situé au sommet de Yangan-Tau, la montagne aux vapeurs curatives. Une ravissante Bachkire aux yeux bridés nous offre une visite guidée. Avec ses résidences de marbre et son parc d'arbres centenaires, l'endroit donne envie de tomber malade. Les patients, beaucoup de sportifs de haut niveau, transpirent pendant des heures, enfermés des pieds au menton dans un sarcophage de bois. Les vapeurs soignent les articulations, les os, le système nerveux et les poumons. Au cœur de la montagne, la température atteint quatre cents degrés. Il ne s'agit pas d'une activité volcanique mais d'une réaction causée par un mélange de gaz. La croûte terrestre est si chaude que, l'hiver, la neige ne tient pas sur ses coteaux. Selon la légende, un berger qui s'y promenait s'est protégé de la pluie en se blottissant sous une grotte créée par le déracinement d'un arbre. De la vapeur émanait du gîte troglodytique et il s'y est endormi. Le berger se réveilla ragaillardi et tonifié et répéta l'expérience jusqu'à ce que ses douleurs aux genoux disparaissent. De retour au village, on trouva qu'il avait rajeuni. Les curieux accoururent. On découvrit de nouvelles sources de vapeur sur la montagne. Petit à petit, les plus sceptiques reconnurent ses vertus et des familles entières vinrent s'y soigner.

Je me promets de revenir à Yangan-Tau lorsque je serai vieille et toute cassée. Mais pour l'instant, nous devons poursuivre notre route. Dima souhaite retrouver Katia, une vieille amie qui se construit une cabane à une centaine de kilomètres d'ici. Elle y vit avec son mari et son fils, sans eau courante ni électricité. Dima voudrait passer un peu de temps avec elle car, lui aussi, aspire à ce genre de vie. Nous traversons les rivières Aï, Ouï et Ouk, qui composent le fameux swastika géographique remarqué par Poutenikhin. À partir du village de Tioulouk, le chemin n'est plus indiqué. Nous tombons sur plusieurs culs-de-sac avant de trouver la bonne route. Dima se bat contre des ornières géantes et des grosses pierres. Un mauvais virage et nous défonçons le plancher ou perdons le pot d'échappement. Trois papillons blancs nous montrent la route. Ils avancent à la même vitesse que nous et tracent des zigzags. Après trois heures de bataille, la forêt donne sur une vaste clairière encerclée de cimes rocheuses. Un rouquin barbu, beau comme un Viking, nous indique où se trouve la cabane de Katia. Nous passons des tentes, des cabanes en construction, des trous béants pour les fondations et des auvents improvisés pour protéger les vivres. La Toyota s'arrête devant une yourte. Deux jeunes garçons, les fils du Viking, viennent à notre rencontre à vélo. Katia habite au bout du sentier.

Alexandrovka

Accroupie sur le perron d'une cabane en rondins, protégée du soleil par un chapeau de paille, Katia fait la vaisselle dans un seau en plastique. Elle n'est pas surprise de nous voir. On dirait même qu'elle nous attend. Elle se lève et embrasse Dima mais me bat froid. Ceux qu'elle ne connaît pas, elle ne s'y frotte pas. Encore une belle femme qui ne me souhaite pas la bienvenue. J'ai l'habitude qu'on me prenne pour une rivale et n'y prête guère attention car cette méfiance souvent disparaît aussi vite qu'elle est apparue. Le nez cassé de Katia et son regard ténébreux mangeant un visage émacié me font penser à la poétesse russe Anna Akhmatova. Sa voix sombre et grave exprime la même mélancolie que les rimes de la Reine de la Neva. Son mari, Aliocha, un homme doux et élégant, me salue avec empressement, ravi de serrer la main d'une Européenne. Il a vécu plusieurs années à Milan où il a collaboré avec les plus grandes agences de photographie. Son travail a fait la une de *Géo* et de *National Geographic*. Katia, ancien mannequin, a prêté sa silhouette aux affiches de mode et créé sa propre ligne de bijoux à Tcheliabinsk. Elle met en valeur son long cou de princesse slave en portant l'une de ses œuvres, un sautoir d'améthyste orné d'arabesques en bronze. Mais que fabrique ce couple ici ? D'allure raffinée, les mains délicates, ils me paraissent tous les deux bien trop sophistiqués pour couper du bois, labourer la terre et vivre dans la boue.

Katia et Aliocha sont déterminés à se forger un avenir dans les champs. Ce sont des *Anastasitsy*, des partisans d'Anastasia, la chamane de la taïga sibérienne. Encore des illuminés, pensai-je tout bas. Je n'ai pas besoin d'écumer les forêts de l'Oural pour trouver des civilisations oubliées. Les habitants de cette région semblent tout aussi passionnants. Anastasia vit seule dans les bois, parle aux animaux, guérit et prédit l'avenir. Son histoire a été consignée dans une série de livres écrite par le Russe Vladimir Mégret, publiée au début des années 2000. Ses ouvrages ont été rédigés comme des récits de voyage mais on ne sait pas si cette femme a vraiment existé. J'avais commencé à lire *Anastasia* chez une amie à Moscou et n'avais jamais remis la main sur ces livres.

Anastasia préconise un retour à la terre, exhorte les hommes à dialoguer avec les plantes, les animaux et les éléments. Selon elle, la nature répond à tous nos besoins. La terre donne les moyens de mesurer sa force, de se réaliser, d'élever ses enfants et de se réapproprier son alimentation. La chamane recommande de souffler sur les graines de semence et de les sucer avant de les planter. Il faut marcher pieds nus pour que la transpiration pénètre la terre et transmette aux plantes les informations vitales de notre corps. « Si tu as cultivé des relations avec les plantes de ton potager, elles te guériront et te soigneront[1] », écrit Mégret, citant Anastasia.

L'Oural offre un terreau propice à ce genre de philosophie car la plupart des gens de ce pays croient plus en l'avenir de leur potager qu'en celui de la Russie de Vladimir Poutine. Ils sont des millions à survivre à la précarité – résultat des dysfonctionnements de l'économie russe dont les réformes ne sont toujours pas terminées – grâce aux conserves qu'ils accumulent sur leur balcon, au cours des mois d'été. Anastasia ne fait que pousser plus loin cette pratique, en encourageant les gens à fuir la détresse des villes pour se retirer en forêt. Selon Anastasia, « la force que l'homme tire du rétablissement du lien direct avec le monde de la Nature, en se rapprochant d'un petit bout de terrain, est plus puissante que sa propre capacité à lutter contre les maladies[2] ».

Son discours est perçu en Russie comme un rempart contre la pauvreté et le désenchantement du monde. La chamane appelle à renouer avec le sacré et à accepter les mystères de l'univers, comme ceux des pouvoirs des cèdres centenaires. Anastasia conseille de passer la nuit de la veille de son anniversaire sous les étoiles pour se régénérer, prier et penser à tous ceux à qui on veut du bien.

---

1. *Anastasia, la chamane de la taïga sibérienne*, Éditions Véga, 2005, p. 110.
2. *Ibid.*, p. 121.

Je comprends maintenant pourquoi Dima tenait tant à se rendre à Alexandrovka, dont le nom fut choisi en l'honneur du tsar Alexandre Ier. Katia, Aliocha et les deux douzaines d'autres d'agriculteurs en herbe qui se construisent ici leur propre petit empire ne sont ni des illettrés ni des miséreux, mais des avocats, des ingénieurs, des artistes et des hommes d'affaires qui ont décidé de changer de vie et se sont partagé les terrains, un hectare par famille, comme le prescrit Anastasia. Quelques lots sont encore disponibles si Dima et moi sommes intéressés.

– Qu'en penses-tu ? demande Dima en me regardant.

– Nous verrons, réponds-je avec le sourire.

N'ayant pas encore terminé leur maison, Aliocha et Katia logent chez Konstantin, un juriste de Tcheliabinsk. Konstantin a vendu son appartement et construit sa cabane avec l'aide d'amis. La sueur ruisselle sur son torse nu alors qu'il racle avec acharnement les troncs de pin dont il veut faire des marches pour accéder au deuxième étage de sa maison. Nous sommes début août. Il ne reste plus que deux mois avant les premières neiges.

Avec ses traits réguliers, ses pectoraux et ses yeux clairs, Konstantin est l'un des hommes les plus avenants que j'ai croisés en quinze ans de pérégrinations à travers la Russie. Avec sa barbe soigneusement taillée, il pourrait passer pour un noble boyard qui se serait trompé de siècle. Il n'a ni femme ni enfant mais je prédis qu'il ne dormira pas seul encore longtemps. Se pourrait-il qu'il n'y ait que des gens beaux à Alexandrovka ? Cette vallée semble avoir choisi elle-même ses habitants selon des critères aussi esthétiques que moraux. Ou est-ce le rêve inspiré par Anastasia qui fait resurgir la beauté intérieure de chacun ? Tout ici m'intéresse et, plus le temps passe, mieux je m'y sens.

Avec la canicule, les familles se ravitaillent en eau plusieurs fois par jour aux sources de la vallée ou à la rivière Yuruzan qui borde la forêt. Il faut remplir d'énormes tonneaux en plastique ficelés sur un diable. Chacun s'acquitte de cette corvée tour à tour. C'est à Aliocha de s'en charger et, la prochaine fois, ce sera Dima.

En haut d'une butte, pendue à une potence, une cloche sonne. Prévue pour les alertes aux incendies, ce soir, elle appelle au rassemblement. Une nouvelle famille vient d'arriver et souhaite se présenter à la communauté. Une vingtaine de personnes se retrouvent à côté de la yourte, autour d'une table recouverte de biscuits et de chocolats. Au centre trône un samovar. Une grande blonde en robe à fleurs évasée s'approche de nous, poussant un vélo à panier dans lequel elle a calé son bébé tout nu. Les visiteurs viennent de Sourgout, une ville pétrolière du bord de l'Ob. Le père, Sergeï, a fait fortune dans les *vezdekhod*, des blindés à chenille que j'ai moi-même souvent utilisés pour circuler dans la toundra au cours de mes multiples voyages chez les Nenets. Sergeï a tout de suite été séduit par Alexandrovka lorsqu'il est venu en mai. Cette deuxième visite, quelques mois plus tard, le conforte dans son choix.

– Comme vous, j'ai lu Anastasia, dit-il en se présentant devant la joyeuse tablée. J'ai longtemps attendu avant de pouvoir franchir le pas car je devais attendre que mon fils et sa femme soient mûrs pour m'accompagner. Maintenant, nous sommes tous prêts. Je serai heureux de participer aux travaux de la communauté et de vous apporter mon aide et mes connaissances.

Chaque famille souhaitant s'installer à Alexandrovka doit être cooptée pour préserver l'homogénéité morale et sociale car, ici, on vit selon sa conscience, comme le préconise Anastasia.

L'homme aux allures de Viking, un barbu rouquin qui répond au nom d'Edik, dirige l'assemblée et fait le tour pour demander si quelqu'un s'oppose à ce que Sergeï et sa famille s'installent ici. L'un dit : « Je ne suis pas contre. » Un autre marmonne : « Nous avons besoin de voisins. » Finalement, tout le monde accepte.

Je demande à Edik si des nouveaux arrivants ont déjà été déboutés.

– Cela pourrait arriver, répond-il.

Sergeï est triste de quitter ses proches mais son projet de vie à Alexandrovka supplante le reste.

– Notre civilisation est en train de s'écrouler et nous sombrons avec elle. C'est pour cela que nous sommes venus ici. Nous voulons travailler la terre, faire pousser des légumes et des fruits, créer notre propre domaine et bâtir un lieu de vie que nous pourrons transmettre à nos enfants.

Des cris retentissent. Deux mâles et une jument blanche, flanquée de son poulain, se sont échappés de leur enclos et galopent joyeusement à travers les prés. Le cheval, comme l'homme, a besoin de se lâcher de temps en temps, lui aussi. Quelques-uns se lèvent de table et font une visière de leur main pour mieux voir.

– Bah ! Ils reviendront tout seuls, dit Edik.

– Non, non, je vais aider à les rentrer, crie l'une des femmes.

On sent que ces familles n'ont pas encore la main sûre avec les bêtes. Ce sont des citadins inscrits à l'école agricole, ce qui les rend encore plus attachants.

Dima et moi attirons les regards. Nous nous imaginons vivre dans cet endroit. « Tu pourrais ouvrir une boulangerie et faire du fromage de chèvre », me dit-on. À table, des vieux trimardeurs ne sont pas surpris de voir débarquer une Française. Ils savent que la planète se rétrécit. C'est pour cela aussi qu'ils sont venus à Alexandrovka.

Et les touristes ?

– Il y en a qui viennent mais nous les ignorons. Et puis vous avez vu la route pour venir jusqu'ici ?

– Oui et il ne faudra jamais la réparer sinon vous êtes foutus ! Vous pourriez créer un comité de préservation de la route d'Alexandrovka. Elle doit demeurer impraticable.

Je repense aux fantômes du massif de Taganaï qui provoquent des éboulements pour protéger le lieu des touristes. Peut-être y en a-t-il aussi qui gardent Alexandrovka des envahisseurs en malmenant régulièrement l'unique voie d'accès. Dima et moi plantons la tente avant la tombée de la nuit et nous asseyons autour du feu de camp avec Aliocha et Konstantin. Je regarde les montagnes s'assombrir. Formant un cercle autour de nous, elles constituent un véritable rempart, créant le sentiment qu'elles nous protègent contre toute agression. On est ici comme dans une bulle. Il ne peut y avoir de mauvaises pensées ou intentions. Dima distribue des bières aux garçons.

– Personne ici ne boit ni ne fume, dit Aliocha. Mais chacun est libre. Vous pouvez faire ce que vous voulez.

Dima et moi nous sentons un peu gênés de nous adonner à nos petits pêchés quotidiens et nous nous éloignons pour discuter sous les étoiles. Cette communauté nous fascine. Ses membres ont l'air de savoir ce qu'ils font et d'avoir bien réfléchi avant de se lancer. Ils n'auraient jamais pu vivre cette aventure à l'époque soviétique, lorsque chaque pas et chaque pensée était contrôlée. Aujourd'hui, ils échappent à l'autorité de l'État. Mais il ne faut pas se leurrer. Ces « gentlemen farmers » ont tout de même quarante ans de retard sur le mouvement de contre-culture des hippies qui lui aussi appelait à vivre d'amour et d'eau fraîche, à cultiver des rapports plus authentiques et à rejeter la société de consommation. Leurs principes sont un peu les mêmes que ceux de la Beat Generation. Jack Kerouac, Allen Ginsberg et William Burroughs célébraient les grands esprits, la Nature et l'idée chamanique selon laquelle chaque particule, chaque être humain, plante ou pierre est relié au cosmos. À quelques exceptions près, la Russie s'est souvent laissée dépasser par les États-Unis et l'Europe en terme d'évolution des idées, d'industrialisation ou de libéralisation économique et sociale. L'élan de ces hippies du XXIe siècle s'inscrit dans une prise de conscience générale que notre mode de vie actuel, fondé sur une course à l'argent et au statut social, ne fait pas le bonheur et que l'homme ne peut se sentir en harmonie avec le monde qui l'entoure s'il ne rétablit pas les liens avec la Nature et la terre, liens qu'il a lui-même coupés.

La chaleur matinale envahit la tente et me force à sortir pour respirer. Konstantin est déjà en train de racler ses troncs d'arbres. Aliocha est allé chercher de l'eau. Je me retrouve seule avec Katia qui prépare la *kasha* du petit déjeuner. D'une humeur plus sociable et indulgente qu'hier, elle me raconte comment elle est arrivée ici.

– Tcheliabinsk est un dépotoir, dit-elle. L'eau et l'air sont pollués, les supermarchés ne vendent que des aliments trafiqués. Le théâtre, je n'en ai plus besoin, les expositions non plus. Avant j'étais mannequin et DJ, j'organisais des soirées, je faisais plein de choses. C'était important pour moi de montrer au reste du monde combien j'étais belle, talentueuse et originale. Maintenant, je n'ai plus cette ambition. Je n'ai plus besoin d'impressionner les gens. Ici, chacun possède son talent et le développe comme il le souhaite. Nous nous donnons la possibilité de bâtir une vie consacrée à la vérité et à la simplicité, basée sur le travail de la terre.

Katia est d'une sagesse infinie pour une mère de vingt-neuf ans. Je pourrais l'écouter pendant des heures. Edik, le rouquin barbu, se joint à nous pour discuter d'un problème grave. Le lendemain, des représentants de l'administration régionale doivent venir pour résoudre le problème des titres de propriété à Alexandrovka. La communauté est divisée sur le sujet. Certains souhaitent créer une coopérative agricole et louer la terre à l'État, d'autres veulent payer leur hectare. Si l'affaire n'est pas réglée, l'administration pourrait les chasser. Edik est d'avis qu'il faut laisser traîner le problème car on s'attire toujours des ennuis à frapper à la porte des bureaucrates. Konstantin, lui, souhaite prendre les devants. Il ne veut pas que les membres de la communauté soient traités de voleurs de terre. En Russie, seules quelques minorités ethniques ont le droit de vivre en pleine nature sans autorisation.

– Il faut que nous puissions vivre ici légalement, dit Konstantin.

– Mais si tu es juriste, tu peux régler cette question facilement ! lui-dis-je.

– Non, aujourd'hui les juristes ne servent plus à rien. Les lois changent constamment et les juges peuvent être achetés.

Jusqu'en 2006, seule une famille, celle d'un dénommé Mikhail Fomitch, vivait à Alexandrovka.

Aliocha m'indique où se trouve la maison du patriarche. Nous laissons les hommes à leurs débats et je prends Dima par la main pour aller serrer celle du doyen. Fomitch, un vieil homme à la barbe blanche, empile des bûchettes débitées devant sa maison. Il a déjà entendu parler de nous. Les nouvelles se propagent ici aussi vite qu'un feu de forêt.

Fomitch s'assied dans sa cuisine, près de la fenêtre, tandis que sa femme, Lida, une dame plantureuse aux dents en argent, fait chauffer de l'eau sur un poêle emplâtré, typique des vieilles maisons russes. Des rubans attrape-mouches dégoulinent en spirale du plafond. Les étagères sont envahies de conserves. Éclairées à la bougie, deux icônes veillent dans un coin. Derrière le lit, accroché au mur, une courtepointe piquée marquant le cinquantième anniversaire de mariage de nos hôtes, avec deux cygnes formant un cœur. Lida nous offre de la confiture de mûres de son jardin et du *tvorog,* le fromage blanc caillé traditionnel fait avec le lait de ses vaches. Sa fille Anya, une femme débonnaire, et son petit-fils Dmitri, un adolescent au visage de poupon, s'assoient sur le lit sans dire un mot. Ils écoutent le vieil homme parler d'une voix rauque et crachoter à travers ses trois dernières dents, triturant sans cesse sa barbe blanche. Fomitch a soixante-treize ans, des yeux translucides dans une trogne rubiconde et des mains épaissies par une vie mince en loisirs.

– Nous avons toujours vécu sans l'aide de personne et nous sommes très bien comme ça ! Je suis riche. J'ai une vache, deux taureaux, des moutons et des chèvres. J'ai aussi deux chevaux, l'un qui tire le bois, l'autre qui laboure la terre.

Fomitch et sa famille passent l'été à se préparer pour l'hiver. Ils cultivent des fruits et des légumes qu'ils mettent en conserve. Fomitch soigne ses grippes avec des compresses de vodka sur la poitrine. Jamais d'aspirine. Lorsque le thermomètre dégringole à moins quarante, il se cloître dans son sauna – le secret pour survivre à l'hiver. Fomitch a vécu toute sa vie à Alexandrovka. Au début du siècle dernier, le village comptait plus de mille âmes. Il y avait deux fermes orthodoxes, une école avec quatre classes et une maison de prière. Le père de Fomitch est mort à la guerre en 1941 et le père de Lida en 1942. Comme la majorité des petits Russes de cette époque, ils ont tous deux été élevés par leur mère. Au village, sur les cent cinquante hommes appelés, plus de quatre-vingts ne sont jamais revenus et ceux qui ont survécu sont morts peu après leur retour ou ont sombré dans la folie. Les femmes, ne pouvant plus s'occuper seules des fermes, se sont rabattues sur les villes. L'école a fermé et peu à peu le village s'est dépeuplé. En 1989, Fomitch, Lida, et trois vieilles voisines étaient les seuls survivants de plusieurs générations de fermiers à Alexandrovka. Lida n'est allée que quatre ans à l'école et ne s'est jamais rendue plus loin qu'Oufa. Elle ne connaissait pas Fomitch avant leur mariage. Les parents ont arrangé leur union. Un jour, Fomitch a frappé à la porte de Lida.

– Je n'ai fait que traverser la rue pour lui demander sa main, dit-il en souriant.

Lida s'est retournée vers sa mère qui lui a dit : « Fomitch a l'air d'un type bien, il ne boit pas, ne fume pas ; allez, courez-vous marier ! » Lida et Fomitch échangent un regard complice en se rappelant ce moment. Lida n'avait que dix-huit ans et Fomitch vingt et un.

– Je vais vous raconter l'histoire de mes grands-parents, dit Lida en servant le thé. Une nuit, ma grand-mère a vu en rêve un homme qui donnait de l'eau à son cheval. Elle le trouvait séduisant et s'est approchée de lui sans lui adresser la parole puis elle est repartie. Quelques jours plus tard, ce même monsieur est venu se présenter à sa porte et lui a demandé sa main. Elle lui a dit qu'ils s'étaient déjà rencontrés mais elle ne lui révéla pas son rêve. Ils se sont mariés et ont vécu ensemble toute leur vie. Quand elle est morte, mon grand-père l'a suivie trois mois plus tard. Ils ont été très heureux.

L'arrivée de nouveaux voisins ne réjouit pas Fomitch. Il y a quelques jours, sa vache a piétiné les jeunes pousses d'un jardin mitoyen.

– Ils nous font la morale mais c'est eux qui ne savent pas qu'il faut élever des clôtures autour de son potager. Hier, leurs chevaux se sont enfuis de la clairière, entraînés par les miens qui savent où ils vont. Il y a des gens de toutes sortes qui s'installent ici. Je prédis qu'il y aura des querelles. L'hiver dernier, un type a laissé sa hache près de l'entrée de sa cabane. Lorsqu'il est revenu, elle n'était plus là. Tout autour, il y avait des traces de pas. Son voisin a nié l'avoir prise et ils ont commencé à se détester. Au printemps, la neige a fondu et la hache est réapparue.

Cette histoire me rassure. Alexandrovka n'est pas une communauté idyllique mais un village comme les autres, avec ses pulsions et ses passions. Fomitch et Lida nous font faire le tour de leur ferme. Nous passons devant un atelier qui a plus d'un siècle, équipé d'une scie à manivelle, de vieux rabots et d'un gros disque à polir les lames. Une carriole en bois est parquée dans la cour. Sur le toit de la ferme, les hirondelles piaillent si fort qu'on a du mal à s'entendre. Fomitch s'approche de l'étable pour libérer ses chevaux. Ils n'attendaient que ça pour s'abreuver à la rivière. Ils poussent eux-mêmes la porte d'un grand coup de tête et trottent vers la rive d'un pas décidé.

– Ils reviendront tout seuls, dit Fomitch.

Il saisit deux seaux et les fixe à une palanche posée sur ses épaules pour aller puiser de l'eau à la source. Plusieurs fois par jour, il monte et descend la pente escarpée avec des mouvements lents et précis afin de s'économiser. Dima le vexe en lui proposant son aide. Derrière lui, l'eau claire de la rivière tourbillonne entre les rochers.

– Elle est de plus en plus polluée, dit Fomitch. Les algues sont en train de l'envahir.

Fomitch accuse Yamantau, le plus haut sommet de Bachkirie dont le nom signifie la « mauvaise montagne ». Elle se trouve juste derrière cette plaine.

– Là-bas, ils creusent comme des fous ! Nous sommes en train de scier la branche sur laquelle nous sommes assis, tempête le vieil homme.

Selon lui, on y extrait de l'uranium. D'autres soutiennent que Poutine est en train d'y construire un bunker pour trois cent mille hommes en cas de conflit nucléaire. La montagne est interdite d'accès. De nombreux touristes et des curieux ont déjà été arrêtés, y compris Aliocha qui s'est fait interpeller alors qu'il prenait des photos.

Si j'ai bien compris, des forces diaboliques opèrent derrière ces barrières rocheuses. Alexandrovka est un jardin d'Éden aux portes de l'Enfer et la rivière Yuruzan n'est rien d'autre que le Styx.

Les chèvres et les moutons reviennent du pré pour passer la nuit dans l'étable.

– Voici Véra, Evtoushia et Léna, dit Lida qui parle de ses chèvres comme si elles étaient ses copines. Pourquoi voudriez-vous que nous ayions la télévision ? Nous avons nos bêtes. Avec elles, on ne s'ennuie jamais, dit-elle. D'ailleurs, on ne regarde jamais l'heure. On n'a pas le temps !

Lida nous mène dans son potager.

– Je suis sûre que vous n'en avez pas des comme ça en France, dit-elle brandissant ses radis gros comme des citrons. Elle m'en donne quelques-uns.

Le sol de son potager est recouvert de paillis pour le protéger contre le gel la nuit et le matin, la rosée née de la condensation humidifie la terre, une méthode utilisée depuis des siècles.

Katia et Aliocha nous attendent pour dîner. En quittant la ferme de Fomitch, je me délecte du paysage. Des meules de foin coniques, quelques-unes avec une fourche plantée au sommet, attendent patiemment l'hiver au milieu des champs brûlés par le soleil. Plus loin, des maisons en bois se protègent l'une l'autre du vent, agglutinées au creux de la vallée. Cet endroit me fait penser à un village médiéval de contes de fées. Il serait peuplé de joyeux paysans et on aurait pu y tourner un épisode de *Shrek*, l'ogre vert de Walt Disney.

En chemin, une jeune blonde couronnée de nattes nous interpelle. Elle aussi a entendu parler de nous. À vingt-six ans, Youlia se dit femme d'affaires. Elle confectionne des crèmes à base de plantes selon des recettes de sa grand-mère. Les pots de ses mixtures à la camomille, au jojoba et au miel s'amassent à côté de bouquets de plantes séchées, sous un auvent. Youlia vend sa production aux magasins des villages environnants, aux amis d'amis et son petit business familial marche bien pour le moment.

– Et vous, que faites-vous ?

– Nous voyageons à travers l'Oural.

– Ah ! Et vous êtes une famille ou des amis ?

Je regarde Dima, ne sachant pas quoi répondre.

– Euh. Nous sommes des amis… enfin, un petit peu plus aussi.

Dima approuve.

Youlia et son fiancé se construisent une cabane en rondins qui sera en partie enfouie dans la terre pour une meilleure isolation. Pour l'instant, il n'y a qu'un grand fossé hexagonal.

Konstantin, Aliocha et Katia dînent assis sur des billots de bois. Comme tous les habitants d'Alexandrovka, ils vivent à l'heure du soleil et du vent. Dima part se promener avant d'aller se coucher, comme il le fait souvent, me donnant ainsi un peu d'espace pour me retrouver, réfléchir, penser à lui et avoir hâte qu'il revienne. Il me plaît que nous nous comportions le plus souvent comme des compagnons de voyage et non pas comme des amants, signe de la complicité qui nous lie et qui, je l'espère, durera.

Le lendemain, nous nous levons avec l'entrain de jeunes explorateurs excités par un nouveau défi : gravir la plus haute montagne d'Alexandrovka. Aliocha nous a indiqué le chemin. Nous fourrons dans notre sac à dos un Thermos de thé, de l'eau, quelques biscuits et des fruits secs. Il fait déjà trente degrés.

Cherchant la piste en vain, nous traversons la rivière en équilibre sur des galets vaseux. On sent que les bois n'ont pas l'habitude d'être dérangés par des promeneurs. Les ronces lacèrent nos cuisses et nos mollets, les fines branches des bosquets rebondissent sur nos bras. La transpiration irrite les plaies. Cette montagne ne se donnera pas sans effort ni quelques égratignures. Des arbustes nous prêtent leurs branches pour se hisser dans les côtes abruptes. Chaque fois que nous gagnons de la hauteur et atteignons ce que nous croyions être un sommet, la crête s'éloigne, comme si un mauvais génie s'amusait à la surélever. Les tapis de mousse au pied des mélèzes et des pins semblent vierges de toute présence humaine. Les habitants d'Alexandrovka ne doivent pas s'y promener souvent. Il n'y a que Fomitch qui vient s'aventurer ici pour poser des pièges à lapin. Il nous a raconté qu'il y croise de temps à autre des ours et des loups. À la fin de l'été, les prédateurs sont repus. Ils ne nous importuneront pas.

– Mais où est-elle cette foutue piste ? crie Dima.

– Ne m'en parle pas !

– Oh ! On aurait dit que tu étais russe lorsque tu as dit ça. Tu n'avais pas du tout d'accent.

La remarque de Dima me donne du courage pour finir la course. Après plusieurs faux espoirs et six heures de marche, le sommet rocheux apparaît enfin. Nous escaladons avec joie les derniers trente mètres d'une paroi effilée. Alexandrovka a disparu sous un nuage. Ne subsiste que le profil des montagnes, à peine visible à cause de la brume de chaleur. Je resterais bien ici accrochée au ciel mais le soleil a entamé sa descente, signe que nous devons rentrer. Si on ne retrouve pas la piste, on se perdra sûrement. Notre Thermos est vide et nos réserves de nourriture épuisées. Je nous imagine collés l'un à l'autre pendant la nuit pour nous réchauffer, écoutant hurler les loups. Je profite de ce que nous soyons haut perchés pour tenter une dernière fois de trouver la piste. Rien. Nous désescaladons et, par miracle, apparaît un petit chemin qui descend dans la forêt. En moins d'une heure, nous rejoignons Alexandrovka en faisant une petite halte dans le bassin de la rivière pour nettoyer nos égratignures. L'eau glisse sur la peau, nos cheveux se déploient dans le courant et nos muscles se détendent. L'expérience vaut le spa d'un hôtel quatre-étoiles. Assis sur un rocher, Dima exhibe son beau corps à la plaine, s'amusant à regarder les petits poissons manger les peaux mortes sur ses pieds. À Paris, les filles paient cher pour ce type de soins appelés *fish pedicure*.

Nous retrouvons Katia et Aliocha à la nuit tombée. Mon compagnon leur montre fièrement ses mollets lacérés. Je me demande comment il se serait comporté si nous avions dû passer la nuit dans les bois. À mon avis, il aurait gardé son sang-froid et nous aurions sagement attendu le lever du soleil pour rentrer. La forêt ne prend une dimension hostile que si on laisse monter la peur, sinon les arbres apportent une source intarissable de consolation et de réconfort.

Comme tous les soirs, rendez-vous autour du feu de camp. Aliocha parle sans ambages. Selon lui, il y a des centaines de familles à travers la Russie qui se construisent une nouvelle vie selon les principes d'Anastasia et leurs rangs ne cessent de grossir.

– Moi, je suis venu ici pour vivre selon ma volonté, dit Aliocha. En ville, tu es coincé dans un engrenage, tu es comme le hamster dans sa roue et tu te rends compte que tout ce que tu fais, en réalité, ne sert à rien. À Alexandrovka, nous construisons quelque chose de concret. Tout a un sens. Hier, une voiture est arrivée avec des planches et on a appelé les gars pour aider à décharger. En quelques minutes, c'était terminé. Tout va plus vite à plusieurs.

Dima songe sérieusement à s'installer à Alexandrovka. Demain, il jettera un œil sur les terrains qui restent. Moi, je ne me vois pas vivre ici. À part la cuisine, je ne sais rien faire de mes dix doigts et je n'ai pas du tout l'esprit pratique. Je peux résumer un livre de cinq cents pages en une mais je n'ai pas la main verte. Chacun son talent. Je ne suis pas de l'étoffe des héros d'Anastasia mais j'ai très envie de mieux connaître ceux qui le sont.

Le lendemain matin, les deux fils d'Edik viennent nous tirer du lit pour nous inviter à prendre un café avec leur père. Sa yourte est plus spacieuse et confortable qu'il n'y paraît de l'extérieur. Edik possède une bibliothèque impressionnante, riche en romans, essais philosophiques et livres d'histoire, en russe et en allemand. Pendant une quinzaine d'années, il a vécu dans les environs de Hambourg avec sa petite famille. Ne se voyant pas vieillir en Occident, ils sont revenus en Russie. Passionné d'histoire, Edik s'intéresse aux Slaves et à leurs croyances avant la christianisation de la Russie aux IXe et Xe siècles. Il renoue avec les traditions païennes, similaires à celles des Scandinaves, telles qu'Ivan Kupala ou la célébration du solstice d'été, accompagnée de rites de la fertilité et de purification par l'eau et le feu. Edik porte autour de son cou une étoile en argent à huit branches, symbole de l'amour et de l'harmonie entre les hommes et les femmes.

– Elle fait échec à tout ce qui est négatif en toi, m'explique-t-il.

Edik est si érudit qu'il connaît même l'histoire de mes ancêtres, les Wends, une tribu slave qui a émigré de la Volga vers le nord de l'Europe au cours du premier millénaire et dont une partie s'est installée dans ce qui est aujourd'hui le Mecklembourg. Mon nom de famille signifie la « terre des Wends » et le « t » à la fin est une erreur d'écriture, un graffiti inscrit dans un registre de naissance par un arrière-arrière-arrière-grand-père et qui est resté.

– Les Wends étaient ceux qui vivaient à gauche de l'Ob, dit Edik. Une très ancienne nation, l'un des peuples fondateurs des Slaves. Tu es donc l'une des nôtres. C'est pour cela que cette terre t'attire et que tu viens ici.

Je reste sans voix. Jamais un étranger ne m'a parlé de mes aïeux. Il fallait que cela se passe ici, à Alexandrovka. Décidément, cet endroit devient de plus en plus magique. J'aimerais parler plus longuement avec Edik mais je n'ai pas envie de monopoliser la conversation sur un sujet si intime et, de toute façon, je sens bien que c'est une discussion au long cours. Je n'aurai pas toutes les réponses ce soir.

Et les enfants d'Edik, que connaissent-ils de l'Histoire ? Vont-ils à l'école ? Les parents s'occupent eux-mêmes de l'éducation de leurs fils de neuf et onze ans, en attendant que l'école soit terminée l'année prochaine.

Mon compagnon me fait des signes du pied pour prendre congé et aller voir les parcelles de terrain qui restent. Alexandrovka répond à son idéal de vivre dans les montagnes, au bord d'une rivière. Ce lieu, pour l'instant, moi, me fascine. J'ai toujours été attirée par les mondes en construction, comme l'était la Russie dans les années 1990 après l'écroulement du régime communiste. À cette époque, tout espoir était permis, même celui que le pays devienne une véritable démocratie. Ici, les convictions ne sont pas les mêmes. Si les Russes ont enterré les idées de Lénine, les gens d'Alexandrovka n'ont plus rien à faire des fausses promesses du capitalisme. Ils ont fait un pied de nez à la civilisation pour s'en créer une nouvelle.

Leur projet est fondé sur la solidarité, un principe que l'on a mis de côté dans les sociétés dites développées, où chacun vit surtout pour soi. Ce n'est pas un hasard si, parmi les objets les plus vendus, il y a les iPhone et iPad dont le nom contient « I », « je », me rappelant cette expression anglaise « me, myself and I » qui veut dire « moi, moi-même et je » pour désigner les égotistes. On ne se parle plus, préférant dialoguer avec un écran, d'ordinateur, de téléphone portable ou de télévision. Chaque année, au moment du réveillon, on a tous les yeux rivés sur son portable. La promesse de l'échange virtuel avec l'autre supplante les toasts les yeux dans les yeux et les résolutions pour l'an neuf. À Alexandrovka, je me sens loin de cet individualisme, de cette triste « célébration du moi » qui se répand dans les campagnes autant que dans les villes.

Dima part seul choisir son lopin de terre pour mieux sentir l'endroit. Je ferais la même chose à sa place. Je me dirige vers l'orée de la forêt que nous avons traversée en venant ici et croise Olga, une petite brune svelte à l'œil vif. Devant son isba, elle a installé deux grandes serres de plants de tomates et un potager dont le sol a, lui aussi, été recouvert de paillis, comme chez le doyen du village. Sur le toit de sa maison, elle a installé des panneaux solaires et un hibou en aluminium. Les premiers accumulent les bonnes énergies et le second éloigne les mauvaises.

Le plafond de la cuisine d'Olga est si bas que je peine à me tenir debout. Une tapisserie bucolique, dont elle est l'auteur, orne le mur en rondins de son salon. Des vases remplis de fleurs des champs reposent sur de la broderie anglaise. Nous buvons le thé autour d'une table revêtue d'une impeccable toile cirée. On se croirait dans une maison de poupée. L'atmosphère cossue de cette demeure contraste avec l'approvisionnement rudimentaire de l'eau. On a fixé un bac métallique au-dessus de l'évier alimenté par un tuyau et un seau a tout simplement été placé en dessous pour évacuer l'eau sale.

Olga se présente comme la comptable du village mais je comprends que ses responsabilités vont plus loin. Celui qui tient les ficelles de l'escarcelle est le chef de l'ombre. Olga lève des fonds pour acheter des outils pour la communauté. C'est elle, aussi, qui dirige la construction de l'école. Si les enfants n'ont pas de diplômes officiels, aucune importance puisque leur avenir s'inscrit hors du système, m'explique Olga. Par ailleurs, elle veut bâtir une maison communale pour les festivités et permettre aux femmes de se retrouver pour faire de la couture et échanger des idées.

En 2006, Olga et son mari Dimitri étaient les premiers adeptes d'Anastasia à venir s'installer dans cette vallée. Il leur a fallu cinq ans pour se préparer. Au printemps, ils ont posé les premières pierres de leur maison, planté leur potager et ils ont réussi à tout terminer avant l'arrivée des grands froids. Depuis, le couple s'est libéré de ses obligations envers la société. J'envie ces électrons libres. Ça doit être exaltant de ne rien devoir à personne – sauf à ceux qu'on aime, bien sûr.

– Ce n'est pas facile de vivre sans argent mais, dans le fond, l'argent, ici, ça ne sert à rien, ce n'est que du papier, dit Olga. Par exemple, si tu as des pommes de terre et qu'il te faut des oignons, faisons un échange, si tu as des bottes en cuir et moi en plastique, nous pouvons nous les prêter. D'ailleurs, si tu vas chez Fomitch pour lui acheter du lait, il ne t'en donnera pas car il n'a pas besoin d'argent mais si tu lui proposes de faucher de l'herbe pour ses bêtes, il te donnera tout le lait que tu voudras. C'est comme ça que ça marche. S'il faut gagner de l'argent, mon mari fabrique des *valenki* (des bottes en feutre) et moi je prends des commandes de couture.

C'est Olga qui a confectionné la courtepointe du cinquantième anniversaire de mariage de Fomitch et Lida.

– Fomitch, c'est une légende vivante. Il est capable d'abattre d'immenses quantités de travail tous les jours et sait lire les traces de ses bêtes comme personne. Il retrouve toujours son troupeau mais vit constamment dans la peur qu'on le lui vole. C'est un bon gars mais il faut prendre garde à ne pas le vexer.

Comme Edik, Olga est passionnée par l'histoire des Slaves. Depuis dix ans, elle et son mari pratiquent le beloyar, une discipline tirée d'anciens rites, fondée sur des exercices physiques qui visent à mieux contrôler l'activité du cerveau et à relâcher le système nerveux.

– Grâce au beloyar, on tombe rarement malade, dit-elle, comme nos ancêtres.

Décidément, chacun ici est engagé dans une quête aussi mystique que holistique.

– Lorsque nous avons commencé cette pratique, mon mari et moi, on se rendait souvent dans la forêt. On vivait dans une tente jusqu'au jour où on a décidé de se chercher un endroit comme celui-ci. On est venu pour la première fois en 2001 et, tout de suite, on a compris que c'était ce qu'il nous fallait.

Olga n'est pas inquiète en ce qui concerne les titres de propriété à Alexandrovka. Elle compte obtenir un bail de quarante-neuf ans.

– Je n'ai pas besoin de posséder la terre. L'idée même

m'est étrangère. Comment peut-on posséder l'air par exemple ? C'est ridicule.

Je me demande ce que décidera Dima à ce sujet. J'espère qu'il a trouvé un terrain qui lui convient. Selon Olga, il aura du mal à s'installer ici tout seul. Planter son potager et construire sa cabane prend beaucoup plus d'énergie et de temps qu'on ne le pense. Cela se fait à deux, me dit-elle, ne sachant pas si je fais partie du projet ou non.

– Nous verrons, dis-je en partant.

En m'imprégnant du sempiternel paysage d'Alexandrovka avec ses maisons en rondins, ses prairies, ses crêtes rocheuses et ses forêts de pins, je me pose la question : pourrais-je vivre ici ? Je ne le crois pas. L'ardeur, la vitalité et l'enthousiasme des adeptes d'Anastasia m'ont fait réfléchir à la possibilité d'une autre vie, ce qui constitue en soi une réforme. Cette vallée offre une bouée de secours aux naufragés de la société russe mais en ce qui me concerne, j'ai encore du vent dans mes voiles et suis trop jeune pour jeter l'ancre. Malgré les idéaux romantiques de cette communauté, je pourrais vite déchanter car je me rends bien compte que mon quotidien serait rempli principalement de corvées. J'aurais peu de temps pour lire, écrire ou musarder. Si la vie parisienne, avec tous ses maux, semble absurde vue d'ici – les gens là-bas courent si vite qu'ils en oublient où ils vont – je ne suis pas encore prête à l'abandonner pour autant. En revanche, je comprends que Dima, qui ne connaît que la grisaille de Tcheliabinsk, soit mûr pour la fuite.

La cabane de Konstantin se dresse au bout de la route. Dima est déjà rentré et discute avec Aliocha des terrains qu'il a vus.

– Alors ?

– Je pense que j'ai trouvé quelque chose qui me plaît mais je dois encore réfléchir, dit-il.

– Tu as raison, prends ton temps, lui dis-je.

Me vient alors l'idée extravagante de persuader Dima de ne pas s'installer ici et de l'emmener vivre avec moi à Paris. Mais avant d'en arriver là, nous avons encore du chemin à parcourir. Un pas après l'autre, nous penserons à la suite plus tard.

Mirny

Le temps a suspendu son cours à Alexandrovka. Il ne reprendra que lorsque nous aurons tourné le dos à la vallée. Chaque seconde est si intensément vécue ici que j'ai le sentiment d'y avoir passé plusieurs semaines alors que nous n'y sommes que depuis cinq jours. Einstein avait raison. Le temps et l'espace sont relatifs. Le monde ne se mesure pas que sur un seul plan. Il existe des dimensions parallèles et, dans celle où nous nous trouvons actuellement, tout se passe autrement. Les lois en vigueur sont différentes. La lumière vient d'ailleurs. Les émotions et les pensées aussi – j'ai remarqué qu'il m'était difficile de réfléchir et d'analyser les choses de la même façon qu'avant. Mon prisme a changé. Serons-nous toujours les mêmes en partant ? Non et c'est en cela que réside la preuve d'un voyage réussi – sinon à quoi servirait-il de sortir de chez soi ? Si Dima et moi ne croisons personne d'autre dans l'Oural, si nous ne tombons pas sur des survivants de civilisations anciennes, nous en aurons au moins trouvé une en devenir. Et n'est-ce pas plus exaltant d'être le témoin d'un monde naissant que celui d'un monde agonisant ? Tout ici reste à faire, le rêve à construire, l'autonomie à gagner. Chaque individu s'est donné un nouveau départ et le chemin qu'il parcourra, avec toutes ses embûches et ses moments de désespoir, le comblera autant que le but qu'il s'est choisi. Mais mon destin à moi, pour l'instant, n'appartient pas à ce village. Je me suis promis de parcourir l'Oural et de suivre mon axe préféré, celui du Nord.

Nous quittons Alexandrovka de bonne heure sans dire au revoir à tous ceux que nous avons rencontrés. Nous nous dispensons de ces politesses car les membres de la communauté se moquent bien des règles de bienséance inventées par une société à laquelle ils n'appartiennent plus. Dima se prépare à la mauvaise piste qui nous attend. Cette route impraticable est le gage de survie d'Alexandrovka. Les paradis doivent demeurer hors de portée. La forêt nous sert de sas de décompression et, petit à petit, nous regagnons un autre monde, un environnement plus familier. Je suis triste d'avoir quitté Alexandrovka et fais déjà le projet de revenir dans quelques années. Je suis curieuse de savoir si ces fermiers en herbe auront alors des regrets, s'ils auront abandonné les lieux et seront revenus à leur vie antérieure ou s'ils seront installés comme des princes, baignant dans la félicité, s'enorgueillissant d'avoir réussi leur pari. Au volant, Dima négocie habilement les cratères et les ornières de la route défoncée. Il me demande de lui rouler une cigarette.

– Bien sûr, je ferais tout pour toi.

– Je le sais, me répond-il, sans quitter la piste des yeux.

Nous sentons bien que, de jour en jour, nos sentiments s'affirment mais n'osons pas nous l'avouer. On avance l'un vers l'autre avec précaution. Le temps nous appartient. Nous chérissons tous les deux notre liberté et l'attente des premières déclarations ne demande qu'à durer. Je ne sais toujours pas vraiment qui est Dima et il doit aussi avoir encore du mal à me cerner. Je le sais complexe et habile à masquer son côté sombre, ce qui m'effraie et m'attire en même temps. Nous verrons jusqu'où nous irons ensemble. Nous comptons faire halte chez la mère d'un ami de Dima, propriétaire d'une ferme à deux cents kilomètres d'ici. De là, on avisera.

Le petit village agricole de Mirny apparaît au coucher du soleil. L'église à la coupole perforée menace de s'écrouler. Par endroits, les briques rouges qui la soutiennent ont été pillées. La plupart des maisons semblent prêtes, elles aussi, à rendre ses droits à la nature. Notre hôte, Axenova, nous ouvre la grille pour que nous nous garions à l'intérieur de sa ferme. Le village respire le vice et le banditisme. Axenova, une femme d'une soixantaine d'années aux yeux en amande, occupe seule une grande maison sans meubles et sans vie, avec des pièces aux murs craquelés. Nous avons le cœur gros de nous retrouver dans un tel endroit après la grâce d'Alexandrovka. Notre hôtesse reçoit peu de visiteurs et se réjouit de bavarder un peu. Elle est en train d'écrire ses mémoires.

– Écoutez cette histoire. C'était pendant l'été de l'année 1941. La guerre venait d'éclater. Un homme est venu nous voir au village et nous a dit : « Si vous voulez que tous vos maris et vos fils reviennent du front, amenez-moi chaque mois près de cette pierre une chèvre, une vache ou un mouton. » Les autres villages ont refusé mais une dame de chez nous s'est portée volontaire en disant : « Moi, je veux bien donner ma chèvre pour que mon fils s'en sorte » et une autre a suivi son exemple et une autre, et, à la fin de la guerre, les trente hommes du village sont revenus sains et saufs alors que dans le village voisin, seuls deux soldats ont réapparu, l'un amputé d'une jambe, l'autre rendu sourd par une explosion. C'est un récit véridique, vous savez. Je l'écris pour que personne ne l'oublie.

Axenova fait partie de ces Russes qui se gorgent de mysticisme pour pallier la monotonie de leur existence et combler le vide spirituel laissé par soixante-quinze années de communisme. L'athéisme imposé par les soviets a causé des dommages irréparables à la conscience collective. Je suis convaincue que si les Russes étaient restés pratiquants sous le régime soviétique, ils feraient preuve aujourd'hui davantage de sens moral et n'auraient pas perdu si facilement les notions de bien et de mal, devenues chancelantes aujourd'hui.

– Vous savez, il ne faut pas chercher à tout expliquer. Regardez, l'amour, par exemple. Qu'est-ce qu'on en sait finalement ? Mon père buvait beaucoup et battait ma mère parfois. Lorsqu'il a senti qu'il allait quitter ce monde, il lui a dit : « Va régler mes dettes et dis au revoir à tous car, dans trois mois, je te veux avec moi là-haut. » Et trois mois plus tard, jour pour jour, elle s'est allongée sur son lit et elle est morte. J'étais étonnée de sa soumission mais c'était aussi une forme d'amour. Allez comprendre !

Pendant qu'Axenova nous prépare un dîner d'œufs brouillés et de pommes de terre sautées, je me plonge dans la carte de la région. Nous souhaitons nous rendre à Severouralsk, une ville minière située dans la région centrale de l'Oural, à cinq cents kilomètres au nord de Ekaterinbourg, au milieu des montagnes. Elle nous servira de base pour nous ravitailler et explorer les forêts, où j'espère trouver des peuples autochtones. De là, nous prendrons le train pour rejoindre l'Ob et remonterons le fleuve pour atteindre l'Oural polaire. Je conseille à Dima de laisser sa voiture à Ekaterinbourg pour que nous poursuivions notre route en train. Nous ne demandons pas notre reste à Mirny. La misère, je l'ai assez vue en Russie. Je cherche des lieux plus lumineux. Nous prenons la route de bonne heure.

Des jeunes à scooter, sans casque, nous dépassent. Les deux-roues de petite cylindrée sont considérés comme des bicyclettes en Russie. La ceinture n'est pas toujours portée même si elle est obligatoire. Je me souviens de la première fois que je suis montée dans la voiture de Dima. Je cherchais la boucle pour mettre ma ceinture et il m'a lancé :

– Tu ne veux pas un casque non plus ?

Nous faisons halte au musée des minéraux de la ville industrielle de Miass pour admirer des centaines de pierres alignées derrière des vitrines. J'apprends des nouveaux mots : zircon, amazonite, magnétite, azurite. Ces pierres sont comme les hommes de ce pays qui partagent entre eux une vingtaine de noms seulement tels Igor, Ivan et Nikolaï et ne se ressemblent pas. Une amazonite peut être verte ou bleue, un Igor blond ou roux.

En cherchant la route qui mène à Ekaterinbourg, Dima me montre un chemin de sable avec un panneau « sens interdit » à l'entrée :

– Tu vois, c'est là où se trouve la principale réserve d'or du pays. Je le sais parce que lorsque je faisais mon service militaire, j'y ai monté la garde.

Si nous étions aux États-Unis, il y aurait des fils barbelés, des tourelles et des chiens mais les Russes, eux, préfèrent ne pas attirer les curieux. Personne ne se doute qu'au bout de ce chemin se dressent des murs de lingots d'or. Il y a vingt ans, Dima aurait été fusillé sur-le-champ pour m'avoir révélé ce secret. Peut-être aurait-il également eu des ennuis dans la Russie de Poutine ?

À Ekaterinbourg, nous sautons dans le train de nuit pour Severouralsk et nous nous écroulons sur des lits douillets. En Russie, le train est l'endroit le plus confortable pour dormir.

Une odeur âcre nous saisit à la gorge au réveil. Le pays brûle ! Toutes les routes ont été coupées. Notre train a failli ne pas pouvoir passer. Des volutes s'élèvent des houppiers, l'air s'est opacifié. Nous restons parqués deux heures à l'entrée de la ville. Impossible de discerner les reliefs. On se croirait dans un mauvais rêve. Puis le vent balaie la fumée et nous découvrons les vieilles maisons de Severouralsk et leurs façades en bois, devenues anthracite avec le temps. Les autobus en forme d'obus me rappellent ceux qu'on voyait sur les cartes postales de l'ère soviétique. J'ai prévenu le bureau du maire de mon arrivée au cas où il aurait fallu une permission spéciale pour venir. On m'a répondu qu'il n'y avait pas de formalité particulière autre qu'un visa russe en bonne et due forme.

Tatiana, mon contact à Severouralsk, nous cueille à la gare pour nous escorter jusqu'au bureau du maire. Il nous fait entrer sans cérémonie.

– Bonjour ! Vous avez vu ce qui se passe ici ?

Le téléphone sonne.

– Une minute, s'il vous plaît !

Un agent du ministère russe des Situations extrêmes (ô ce nom ! comme je l'aime) hurle si fort qu'on entend ses propos. La ville manque de matériel pour combattre les incendies.

– Déficit de citernes, de masques et de lances. Pensez-vous que Sarkozy pourrait nous aider ?

Sa question m'étonne. Je me vois en train d'appeler le ministère des Affaires étrangères à Paris pour demander si la France pourrait aider Severouralsk, une ville au nom imprononçable, inconnue des Français et de la plupart des Russes.

– Euh ! Oui ! Je vais voir ce qu'on peut faire.

Plus tard, j'apprendrai que le président français a offert des Canadair et autres renforts à Dmitri Medvedev mais que ce dernier a poliment refusé.

– Bon, qu'est-ce qui vous amène à Severouralsk ?

– Nous souhaitons juste marcher en montagne pour y rencontrer des autochtones.

– Vous rêvez ! Nous vivons le pire incendie de notre histoire ! Toutes les forêts sont en train de partir en flammes. Nous n'avons pas eu de pluie depuis des mois. Et puis, les Mansis, les Mordves, les Tchouvaches, vous savez, il n'y en a plus. Ils ont tous été assimilés.

Je ne lâche pas l'affaire.

– Mais reste-t-il des endroits où, pour l'instant, il n'y a pas encore d'incendie ?

– Je vous dis que ce n'est pas une bonne idée.

Pourtant, le maire nous imprime une feuille de papier qu'il tamponne et signe. Il y est écrit : « permis de circulation pour le feu ».

– Mais si vous n'arrivez pas à aller dans les montagnes, est-ce que ça vous dirait de visiter notre mine de bauxite ?

Le maire appelle le directeur pour se renseigner. Il faut obtenir une autorisation spéciale. Je sens que ça ne sera pas simple.

– On vous préviendra si la réponse est positive, nous dit le maire, pressé de nous raccompagner à la porte.

Nous racontons notre entrevue à Tatiana et lui montrons notre laissez-passer. Elle a un ami chasseur qui vit dans un village non loin d'ici. Les feux ne l'ont pas encore atteint. Elle propose de nous mener à sa rencontre. Tatiana nous hèle une voiture dans la rue. Une Niva s'arrête. L'homme va dans la direction du village en question et accepte de nous y conduire. Il travaille dans l'une des mines de bauxite.

– Je passe ma vie à des kilomètres sous terre. Ça fait vingt ans que je travaille dans le noir et l'humidité. Je ne vois jamais le soleil. Mon corps s'atrophie avec les vibrations des outils. Mais je gagne quarante-cinq mille roubles par mois (mille euros). C'est un bon salaire alors je continue, je n'ai pas le choix.

On a toujours le choix, rétorqueraient les habitants d'Alexandrovka. Mais ce n'est pas le moment de faire un discours sur l'exploitation des ouvriers par les grands financiers de ce monde. La mine appartient au magnat russe Oleg Deripaska, un jeune milliardaire qui n'y vient jamais. Nous atteignons le village sans peine. Trois camions de pompiers sont postés à l'entrée. Une dizaine de moujiks circulent tout autour. Nous frappons en vain à la porte de l'ami chasseur de Tatiana. Elle s'éloigne pour téléphoner car elle ne souhaite pas qu'on l'entende.

Pendant ce temps, un couple de fermiers voisins s'approche de nous.

– Vous n'êtes pas d'ici, vous ? Me demande la petite dame en tunique.

– Non.

– Ça se voit.

– Le village a été épargné par les feux ?

– Oui, mais ça ne va pas durer.

Le couple a déménagé toutes ses affaires chez leur fils. Ils nous montrent du doigt leur voiture, prête au cas où ils devraient décamper en vitesse.

– Il y a un village pas loin d'ici qui a brûlé en quarante minutes. Mes amis ont pris tout ce qu'ils ont pu et ils ont arrêté leur voiture en plein milieu du gué de la rivière pour s'abriter. Pendant ce temps, le gouverneur de la région affirmait à la télévision que tous les incendies étaient sous contrôle et les principaux foyers étouffés. Ça fait deux mois que nous vivons dans la peur. Nous sommes fatigués.

Ils pensent que ce sont des touristes qui ont provoqué les incendies. La terre, l'herbe, les arbres, les feuilles, tout est si sec. Il suffit d'une bouteille de verre abandonnée et les rayons du soleil peuvent démarrer un incendie en quelques minutes.

– On dit que si le feu arrive, il faut allumer sa cheminée pour le décourager de rentrer.

Encore un mythe russe ! Tatiana revient. Le FSB nous interdit de descendre dans la mine. Elle prend Dima à part et lui fait comprendre qu'il doit m'empêcher de parler avec les habitants et les pompiers. En outre, j'ai rendez-vous le lendemain matin avec la milice pour m'enregistrer, comme doivent le faire tous les étrangers en Russie s'ils restent plus de trois jours dans un endroit, une démarche héritée de l'ancien système. L'ami chasseur de Tatiana apparaît. Il n'est pas commode et n'a pas de temps à nous consacrer. Sa femme nous reconduira à Severouralsk. Nous sommes venus ici pour rien.

Tatiana nous loge chez elle pour la nuit. Nous nous rendons au bureau de la milice à la première heure. Je m'annonce à l'entrée. Une jeune fille inscrit mon nom dans le registre sans faire d'erreur, comme si elle avait été prévenue.

Une grosse femme à lunettes et aux cheveux rouge sang nous fait entrer dans un cabinet sombre. Sur sa porte, je remarque une plaque en bronze : Chef de la

Division du Ministère de l'Intérieur Responsable de l'Immigration.

Elle ne dit rien, range des documents et en parcourt d'autres. La tension monte. Je contemple chaque bouton de sa chemise, observe les rainures sur son stylo posé sur la table. Je lui tends mon passeport.

– Attendez, je vais m'occuper de votre cas.

Un quart d'heure passe, l'un des plus longs de ma vie. Dima tente de me calmer :

– Respire, respire. Tout va bien se passer, ne t'en fais pas.

La grosse dame me regarde et sort de son silence :

– Vous êtes coupable d'avoir enfreint la loi.

– Comment ?

– Vous n'avez pas le droit d'être ici. Il faut une permission spéciale et vous n'en avez pas.

Je bouillonne d'énervement.

– Mais comment est-ce possible ?

Je lui explique que je m'étais renseignée, que j'avais appelé le bureau du maire et qu'on m'avait dit que je n'avais pas besoin de permis particulier. Ma plaidoirie s'avère inutile. Elle me fait subir un véritable interrogatoire. Pour qui je travaille, pourquoi je suis ici ? Elle ne croit pas à mon projet d'exploration de l'Oural. Je lui parle de Tcheliabinsk et lui explique que j'y ai séjourné dans les années 1990.

– Ah, si vous avez vécu là-bas, alors vous savez de quoi ce pays est fait !

Je lui raconte que j'y ai rencontré un musicien et que j'ai décidé, quinze ans plus tard, de savoir ce qu'il était devenu.

Mais mon histoire ne la fait pas sourire. Dima, lui aussi, est coupable devant la loi de m'avoir accompagnée. C'est le directeur de la mine de bauxite qui a prévenu les services du FSB. Peu d'étrangers viennent jusqu'ici. Notre venue leur a donné quelque chose à se mettre sous la dent. Ils en ont même oublié les incendies. Galina me gratifie d'une amende de deux mille roubles, soit cinquante euros.

– Voilà, vous avez une semaine pour régler.

Sortant de son bureau, je brûle de rage et d'incompréhension. Tatiana nous attendait dehors. Je lui dis que je veux aller chez le maire pour m'expliquer. Elle tente de m'en dissuader.

– Ça ne servira à rien, tu sais.

– Je m'en moque. J'ai besoin de lui parler.

Nous nous présentons devant sa secrétaire qui demande de patienter. Tatiana souhaite rentrer d'abord afin de lui expliquer ce qui s'est passé. Nous la rejoignons quelques minutes plus tard.

– Je suis vraiment désolé ! Moi-même, je ne savais pas qu'il fallait une autorisation spéciale et pourtant je suis le maire, vous vous rendez compte ! J'ai honte.

Il saisit son téléphone et appelle celle qui m'a gardée si longtemps dans son bureau.

– Bonjour Galina Fiodorovna ! Alors comme ça le rideau de fer est retombé ? Si nous devons chasser les étrangers de nos terres, vous pourriez au moins nous en informer sinon on a l'air de quoi ?

On comprend à demi-mot que le règlement concernant les étrangers n'est pas officiel mais officieux.

– Nous sommes revenus à l'époque soviétique. Je croyais que tout ça était terminé. C'est effrayant, dit Tatiana.

Le maire insiste pour payer l'amende à ma place et demande à Tatiana si elle a deux mille roubles sur elle mais son portefeuille est vide. Il descend prendre de l'argent dans sa voiture, remonte et les lui tend en me disant :

– Voilà, nous vous devons au moins ça. J'espère que vous allez écrire cette histoire. Il faut que tout le monde sache ce qui se passe dans notre pays. C'est un immense bordel, vous comprenez ?

Je lui réponds que j'aime les Russes et que j'ai souvent été impressionnée par des mineurs qui pouvaient réciter par cœur au doigt levé des pages entières de Pouchkine et de Lermontov.

– Oui, mais nous sommes mal gouvernés et nous l'avons toujours été. Nos chefs font passer leurs intérêts en premier et ça ne risque pas de changer. Regardez, le pays est en train de brûler et personne ne bouge ! Allez, rentrez chez vous et racontez ce que vous avez vu.

Quelle candeur ! Je suis bluffée. Dima et Tatiana aussi. Cette histoire me rappelle l'épisode avec la milice de Tcheliabinsk, lorsque je m'étais fait épingler en 1995 pour mon visa périmé. Déclarés « persona non grata », Dima et moi devons quitter les lieux immédiatement. Tatiana nous raccompagne à l'arrêt du bus qui nous mènera à Ivdel, une petite ville plus au nord. De là, nous tenterons de prendre un train pour atteindre les rivages de l'Ob.

Saranpaul

L'autobus mettra six heures à atteindre Ivdel, voyage sans fin à travers un nuage. Même les rangées de bouleaux, ces soldats blancs du bord de la route, ont disparu. La fumée fait écran. Ivdel est l'un des principaux centres pénitentiaires de l'Oural. Une succession de panneaux le confirme : Ivdel-1, Ivdel-2, Ivdel-3, Ivdel-4. La ville a été organisée en étoile, comme le furent autrefois les camps du goulag pour contrôler chaque unité. J'imagine ce monde carcéral érigé en forêt avec ses tourelles, ses projecteurs et ses bâtiments aux fenêtres étroites. Nous n'en verrons rien. Les incendies nous en ont préservés. Sortons d'ici avant que les flammes ne nous encerclent !

Le bus nous lâche à la gare ferroviaire d'Ivdel. À travers le rideau brumeux, j'entraperçois quelques maisons en rondins, éclairées par des réverbères. Sur le quai de la gare, des types au regard noir boivent des bières, avachis sur des bancs, sur un fond de musique techno, diffusée par leur portable. Ces hommes me donnent froid dans le dos. Je marche dans les pas de Dima. Seule, je ferais une proie facile pour ces jeunes messieurs en manque de joie. Ils nous observent. Je regarde par terre. Cette cité sent les voyous en maraude. S'ils cherchent Dima, il saura leur répondre. Plusieurs fois, on lui a plaqué un revolver sur la tempe et il s'en est toujours sorti.

Pour me rassurer, je repense à l'histoire qu'il m'a racontée la veille. À l'âge de dix-huit ans, alors qu'il entamait son service militaire en plein désert du Kazakhstan, trois bidasses lui sont tombés dessus. On tabassait toujours les nouveaux pour mesurer leur trempe. Dima s'était fait un camarade dans le train et ils s'étaient promis de s'aider l'un l'autre en cas de problème. Au bout de quatre jours de bastons répétées, ils sentaient qu'on allait leur briser les membres. Dima et son ami ont pris le trio par surprise, en pleine nuit, et leur ont fracassé les jambes avec des barres de métal. Ensuite, ils ont eu la paix. Les bizutages de l'armée russe ne sont pas un mythe. Tout le monde n'y survit pas. Dima exsude l'assurance de l'homme qui sait se battre. Sans lui, je ne sais pas ce qui aurait pu m'arriver pendant ce voyage.

Notre train va passer dans quelques heures. Je l'attends comme une délivrance. Je ne découvrirai donc jamais la partie centrale de l'Oural, la région la moins peuplée – dévorée par les flammes. Nous ne trouverons rien ni personne dans ce brasier. Même les animaux ont dû déguerpir. Il nous faut changer de cap et de parallèle. À deux heures du matin, le train nous emmène. Dans notre compartiment, un ouvrier de Gazprom nous offre du vieux rhum. Dima lui raconte nos aventures à Severouralsk, le combat du maire contre les incendies, l'interrogatoire du FSB... Le jour se lève et je m'écroule, le ventre vide, sans terminer ma dernière phrase.

– Priobyé – Terminus ! crie l'accompagnatrice du train.

Priobyé signifie le « bord de l'Ob ». Tout m'éblouit : les rayons du soleil, le scintillement des flots, le blanc des façades. Nous n'avons pas vu la lumière depuis des jours, occultée par la fumée des incendies. J'ai un tambour dans la tête à cause du rhum et peine à marcher droit. L'embarcadère est bondé. Dima se bat au guichet pour nous faire monter sur le prochain bateau. Des enfants dorment sur des sacs de toile, des nourrissons hurlent dans les bras de leur mère. L'hydroglisseur apparaît et nous embarque. Le Météor trace comme un bolide sur une autoroute bleue, serpentant entre les taïgas. On ne parcourra qu'une petite section des cinq mille quatre cents kilomètres de l'Ob, l'une des plus longues artères fluviales du continent eurasiatique.

Pendant des siècles, l'Ob a servi de plateforme de commerce pour les peuples sibériens. Les bateaux convoyaient des peaux de zibeline et de loup, échangées contre des munitions et des armes à feu. Aujourd'hui, l'Ob charrie encore et toujours le pire de la civilisation. Prenant sa source dans l'Altaï, il déverse les déchets toxiques provenant des usines côtières dans la baie de l'Ob, au nord du cercle Arctique, là même où pêchent les éleveurs de rennes. Au cours de mes séjours chez les Nenets dans le nord de la baie, j'ai vu s'étaler sur des kilomètres des rangées de bidons rouillés et des tas de ferraille, gisant dans le sable. Les plages arctiques de mes rêves avaient été transformées en décharge à ciel ouvert et personne ne s'en préoccupait.

Des forêts de pins et des maisons de pêcheurs habillent la côte. Mégret, l'auteur de la série de livres sur Anastasia, assure avoir rencontré la chamane dans les environs, sur les bords de l'Ob. Cette femme existe-t-elle vraiment ? Des milliers de Russes en sont persuadés. Je demeure sceptique mais reconnais que le décor se prête à son histoire. Peut-être Anastasia se cache-t-elle vraiment derrière ces grands arbres ? L'air pur me glace la gorge, la lumière s'intensifie et de gros nuages se reflètent dans les flots. Nous sommes en train de gagner le nord.

L'hydroglisseur nous mène vers l'Oural polaire et le mont Narodnaïa, le plus haut sommet de la chaîne montagneuse que j'ai toujours rêvé de gravir. Je sors Dima de sa torpeur pour lui soumettre mon idée.

– Nous verrons sur place, dit-il, les yeux fermés.

Le Russe vit dans l'instant. Le projet tue l'aventure.

À bord du Météor, je fais la connaissance d'Andreï, petit monsieur chauve, qui me donne des conseils pour atteindre Saranpaul, le village le plus proche du mont Narodnaïa. Là-bas, des chasseurs déposent les grimpeurs au pied de la montagne.

L'hydroglisseur se rend jusqu'à Salekhard, la capitale du district autonome Yamal-Nenets, terre de prédilection de Gazprom et des éleveurs de rennes. Andreï me conseille de descendre avant, à Beriozovo. Des hélicoptères et des bimoteurs assurent la liaison avec Saranpaul, si les conditions météorologiques le permettent.

Beriozovo est un hameau côtier où tous ceux qui ne travaillent pas pour Gazprom gagnent leur vie en faisant le taxi. Construit sur les rives de l'Ob, à l'est de l'Oural polaire, le village fut colonisé par des exilés célèbres, tels que le prince Menchikov, le bras droit de Pierre le Grand, et par Léon Trotski, qui s'en échappa miraculeusement en 1907. Le tsar Nicolas Ier y envoya des décembristes après leur insurrection ratée. Les déportés exploitaient les mines d'or, aujourd'hui épuisées.

N'ayant pas la force de chercher un lieu où planter notre tente dans la forêt, nous prenons une chambre d'hôtel à Beriozovo. On s'attirerait encore des ennuis si on campait sous les arbres. Notre exil à nous doit rester temporaire. Andreï, le Russe rencontré sur le Météor, frappe à la porte de notre chambre pour nous donner son contact à Saranpaul. Avalant tasse de thé sur tasse de thé, il nous avoue qu'il n'en peut plus de Beriozovo. Les bureaucrates véreux y font la loi.

– Ce sont des mafieux puissants, dit-il. On ne peut rien faire contre eux.

Cela devait déjà être ainsi du temps de Menchikov, il y a trois siècles. Comment gouverner un pays qui s'étend de la Baltique au Pacifique ? Moscou n'a toujours pas la réponse. Selon Andreï, la Russie n'est qu'une vaste mosaïque de territoires épars, vaguement reliés les uns aux autres, dirigés par une association de malfaiteurs que le Kremlin n'arrive toujours pas à contrôler. À Beriozovo, les jeunes s'ennuient tellement qu'ils boivent dès l'âge de onze ans. Les autres attendent de devenir vieux.

– Et la pêche dans l'Ob ?

– C'est interdit à cause de la pollution.

Les Russes s'imaginent à tort que leurs ressources sont à la mesure de leur horizon – illimitées. Il se pourrait qu'un jour la Sibérie rétrécisse. Les Chinois sont déjà en train de coloniser l'Extrême-Orient russe. La population décline à cause de la précarité et des ravages de l'alcool. Pourtant, ce pays est l'un des plus riches au monde. Encaissant des revenus pharaoniques tirés du gaz et du pétrole, la Russie aurait les moyens de se doter d'hôpitaux et d'écoles modernes, de belles autoroutes et d'une vraie sécurité sociale. Et pourtant, l'espérance de vie moyenne y est de soixante ans, celle d'un Yéménite, et les infrastructures de nombreuses régions, comme celle-ci, ne sont pas plus développées que celles d'un pays africain.

Les grosses fortunes ont été bâties grâce à la corruption. Au lieu de remplir les caisses de l'État, l'argent a été siphonné, détourné, placé dans des comptes en Suisse, à Chypre et aux îles Caïmans. Les nouveaux barons russes se sont offert des villas sur la Côte d'Azur et des hôtels particuliers dans les quartiers chics de Londres et de Paris. Aujourd'hui, la Russie est un prince en haillons. Et personne ne lui fait plus de révérence.

On se lève de bonne heure pour sauter dans le premier vol pour Saranpaul, le village au pied de l'Oural polaire. L'hélicoptère est complet. Dima lance une offensive de charme pour qu'on nous vende deux billets. Le sourire de mon compagnon et quelques dizaines de dollars suffisent à conclure l'affaire.

Le Mi-8T est garé sur la piste. Je connais bien ce type d'appareil car je l'ai souvent emprunté pour parcourir la toundra, à quelques centaines de kilomètres de là. Nous balançons notre sac à dos à bord et grimpons. Les rotors vrombissent et l'engin s'élève à la verticale. J'adore cette sensation d'équilibre dans les airs. Si le moyen de transport favori de la plupart des filles est le cheval ou la Porsche, pour moi, la Rolls du voyage c'est bien l'hélicoptère.

Les cimes de l'Oural sont déjà enneigées, pourtant nous ne sommes qu'au mois d'août. À Saranpaul, nous trouvons rapidement le chasseur recommandé par Andreï. Il apparaît devant sa cabane. Les présentations terminées, il va à l'essentiel :

– Ce sera deux mille dollars.

– Quoi ? Pourquoi ?

– C'est le prix, c'est tout.

Nous n'avons pas une telle somme. Nous le remercions de sa proposition et regagnons le centre du village. Dans ce genre de situation, il serait judicieux de frapper à la porte du chef des lieux. Il aura sans doute d'autres contacts. Madame le maire, une Mansi d'une cinquantaine d'années, nous reçoit dans son bureau. Beaucoup de touristes viennent à Saranpaul pour gravir les montagnes environnantes, mais peu de Français poussent jusqu'ici. Notre projet de voyage séduit la chef du village qui souhaiterait qu'on parle plus de sa région. Cependant, elle nous déconseille de gravir le mont Narodnaïa.

– Il est trop enneigé, c'est dangereux. Tournez-vous plutôt vers Neroïka. Avec ses 1 400 mètres d'altitude, c'est le deuxième plus haut sommet de l'Oural. De là-haut, la vue est magnifique, vous verrez. En langue mansi, Neroïka signifie le « maître de la montagne. » C'est un mont sacré. Il est interdit aux femmes mais vous, vous n'êtes pas une Mansi, donc cette règle ne vous concerne pas.

La chance continue de nous sourire. Madame le maire nous prête son chauffeur pour nous rendre au pied du massif.

– Pacha n'a pas beaucoup à faire en ce moment. Cette balade lui fera du bien. Partez tout de suite si vous le souhaitez !

Pacha, un escogriffe mi-mansi, mi-komi aux yeux fendus, vient de terminer son service militaire. Il nous traite avec déférence puis se laisse aller, une fois au volant de la jeep en écoutant du rap russe. Nous roulons sur des pistes ensablées, taillées à flanc de coteau. Des torrents dévalent les pentes boisées. Le paysage me rappelle celui de la Colombie-Britannique. Une rivière barre la route. On devra traverser sur un bac, tiré par un rafiot. Pacha appelle le conducteur qui nous rejoint quelques instants plus tard.

– Comment font les autres qui n'ont pas le numéro de téléphone du passeur ?

– Ils restent sur la berge, dit Pacha en passant la première.

La base des géologues surgit au milieu d'une trouée d'arbres : quatre containers jaunes posés à même le sol. On trouve les mêmes en Antarctique. La montagne Neroïka se cache, ensevelie sous les nuages. Les géologues nous invitent à boire un verre dans leur demeure spartiate composée de lits de camp et d'une table en bois. Ils nous offrent de la vodka et du poisson, fumé par leurs soins. Ils prospectent l'or blanc et le quartz et me demandent ce que je fais là. Personne ne me croit lorsque je réponds que je suis venue explorer l'Oural. On me mitraille de regards suspects. Les géologues n'aiment pas beaucoup les étrangers et ne le cachent pas. Dima attend de voir où va mener la conversation. Le plus jeune, imbibé de vodka, me traite d'espionne. Son voisin me conseille de rentrer à Saranpaul dès ce soir. On pense que je suis venue chercher de l'or.

– Tu sais ce qu'on fait aux voleurs ? me demande-t-on.

– Non.

– Je vais te montrer.

Le jeune homme se lève, s'approche de moi d'un mouvement brusque, tête en avant. Dima le repousse et il trébuche. Je l'ai échappé belle ! Nous sortons illico sans discuter. Mon cœur bat la chamade. Dima et Pacha aussi sont choqués. Une femme nous montre du doigt le rectangle jaune où nous passerons la nuit. Nous bloquons la porte d'entrée avec une table et prions pour que le temps soit avec nous demain, sinon on rentrera à Saranpaul.

Le soleil se lève dans un ciel sans nuages. Neroïka se dresse droit devant nous, habillée d'un épais manteau de neige, nous invitant à la gravir. L'oblique de son versant gauche me fait penser à celui de la pointe de la Sana, à Val d'Isère, l'un de mes sommets préférés dont l'ascension se fait en quelques heures à skis de randonnée.

Nous entamons l'ascension sans tarder. Je trace des zigzags dans les éboulements. Pacha, lui, a foncé à la verticale et disparaît de temps à autre derrière une moraine. Dima clôt la marche. Au bout de deux heures, Pacha, épuisé, reprend son souffle sur une pierre. La tortue a rejoint le lièvre. C'est à mon tour d'ouvrir la course. Je vérifie que Dima est toujours derrière. Le petit point noir suit. Les cimes enneigées s'enchaînent à perte de vue. Aucun village à l'horizon. Ah ! Voici l'Oural que je suis venue chercher.

La pente se redresse, la montée devient de plus en plus pénible, la neige de plus en plus lourde et profonde et je prends plaisir à puiser dans mes réserves d'énergie. Je plante ma main dans la croûte neigeuse à hauteur de mon visage, puis un pied, je m'appuie, me hisse et recommence. Mais le vent tourne rapidement et le brouillard gagne les sommets. Mes jambes se mettent à trembler. Regarder vers le bas me donne le vertige. Je me vois aspirée par le vide, rebondir sur la paroi et tomber dans le précipice. Il ne me reste plus que quelques pas pour atteindre le sommet. Je ne comprends pas ce qui est en train de m'arriver. Je me suis toujours sentie dans mon élément en haute montagne. À présent, j'ai peur d'avancer. Neroïka est peut-être vraiment interdite aux femmes. J'aurais dû m'en douter. Les derniers mètres me demandent une force inouïe. Cramponnée à un rocher, j'attends mes amis. Le bonnet rouge de Pacha apparaît puis la silhouette élancée de Dima. Tous les deux se moquent de mon coup de panique et leurs rires me rassurent. Nous nous félicitons d'avoir atteint le sommet. La poitrine bombée, le regard fier, on se serre la main de façon emphatique à la manière des héros des grandes expéditions soviétiques. Pour marquer notre conquête, nous faisons semblant de planter un drapeau qui n'est en réalité qu'un bâton enrubanné d'un foulard claquant dans le vent. Pacha me conseille de présenter mes excuses au maître de la montagne pour l'avoir dérangé et de déposer en guise d'offrande une pièce d'un euro, retrouvée dans le fond de mon sac à dos. Dima blague en disant que le maître de la montagne aurait pu tout à fait se tromper car je ne suis qu'un garçon manqué. Cette crise d'effroi ne m'a pas donné envie de rire. Je dévale la pente, faisant virevolter la neige à chaque enjambée. Les nuages se dispersent, trouant le ciel d'espaces bleus. Les questions les plus absurdes me viennent à l'esprit. Est-ce le fait d'avoir gravi la montagne en tête, devant mes amis, qui a froissé le maître de la montagne ou mon opiniâtreté ? À force d'entendre des légendes de toutes sortes, je commence à en prendre quelques-unes au sérieux. Distraite, je trébuche et m'entaille le mollet sur une pierre. Le sang coule à grosses gouttes et Dima me fait une sorte de garrot avec son écharpe. Je crois que je suis devenue un peu paranoïaque car même les pierres me paraissent malveillantes à présent. Je poursuis la descente à pas souples. Désormais, je me méfierai des montagnes sacrées.

De retour à la base, les géologues ne sont pas encore rentrés et nous en profitons pour décamper. Dima s'assied à côté de Pacha au volant et je m'assoupis à l'arrière de la jeep comme je le faisais, enfant, après une grosse journée.

Nous atteignons Saranpaul à la tombée de la nuit, Pacha nous dépose devant une épicerie dont la propriétaire loue des chambres. Une petite dame nous accueille derrière sa caisse.

– Vous avez dîné ?

– Non.

– Bon, asseyez-vous là, je vais vous apporter quelque chose.

L'épicerie fait aussi office de café. Nous nous installons à une table cachée derrière les rayonnages de conserves. La patronne nous sert de la soupe, des pâtes et du pain noir. Rien n'est bon mais, affamés, nous avalons tout en quelques minutes. La tenancière nous mène dans une maison voisine et nous fait entrer dans une pièce vide avec deux matelas par terre et un lavabo.

– Voilà, ça vous ira ?

– C'est parfait ! lui dis-je. Nous serons très bien ici.

– Alors, à demain !

Dima s'endort vite. Je repense à Neroïka. Combien de femmes ont-elles été sanctionnées par le maître de la montagne ? Quelques-unes y sont peut-être passées de vie à trépas. Pourquoi s'acharne-t-on toujours sur le sexe faible ? Les montagnes aussi peuvent se révéler misogynes. Ça, je ne l'aurais jamais cru.

Au matin, Pacha fait irruption dans notre chambre. Si on veut partir, c'est aujourd'hui ou dans une semaine car il n'y aura plus de vol à cause des orages qui arrivent. Il nous dépose à l'aéroport de Saranpaul où un petit mirador en bois sert de tour de contrôle. L'An-2 à hélices est garé sur le tarmac. C'est le modèle biplan monomoteur de 1947. Nous allons voler dans une pièce de musée. Le pilote ouvre lui-même la porte de la cabine et nous invite à gravir l'échelle. L'engin décolle dans un fracas. On traverse des nuages et des turbulences. Le temps des prières est revenu.

L'Oural polaire

L'appareil nous ballotte dans tous les sens. L'air s'est raréfié. Les passagers ont un teint de noyé. Chacun pense au pire. Si ce coucou s'écrase, je serai le sujet et non l'auteur d'une dépêche, pour une fois. On parle toujours plus des journalistes morts que vivants. Ma disparition provoquera quelques papiers dans les journaux sur la vétusté des avions de ligne russes, émaillés de statistiques sur les victimes. Mon père découpera les articles et maudira encore plus les Russes. Il sera horrifié d'apprendre que je me suis énamourée d'un moujik. Ça non plus, il ne me le pardonnera pas. Vraiment, il vaudrait mieux qu'on s'en sorte.

Dima me dévisage avec des yeux interrogateurs. Je détache ma ceinture pour me rapprocher de lui, saisit sa main et plonge mon regard dans le sien. Nos crânes se touchent et mon cœur lui hurle : « Je t'adore ! » Dima ferme les yeux et me répond en silence avec la même pensée.

À travers le hublot flotte une étendue ouateuse trouée de pics. « Pour votre sécurité, nous vous demandons de bien vouloir garder votre ceinture attachée. » Si l'avion s'écrase, ce bout de tissu ne nous sauvera pas la vie.

L'An-2 entame sa descente. Nous perçons les nuages, émergent alors les taches sombres des forêts, les écheveaux de l'Ob et les toits zingués de Beriozovo. L'appareil rebondit en se posant. Il est grand temps de sauter dans le prochain Météor et de gagner le Nord. Mais nous nous pressons pour rien car le départ ne se fera pas avant ce soir. Une journée à tuer à Beriozovo. Je suis mon compagnon à pas lents à travers le village. Deux chiens nous dépassent. Nous soupirons au même moment. Les ruelles, avec leurs maisons grises, se ressemblent toutes. Ce lieu ne nous parle pas et nous laisse tout aussi muets. Au fond d'une cour se tient légèrement en retrait le musée régional, logé dans un immeuble décrépit. Des loups, des renards et des oies empaillés accueillent le visiteur comme dans tous les centres culturels de Sibérie. Derrière les vitres épaisses, des costumes traditionnels de Mansis, galonnés de bandes feutrées et de perles, amassent sur eux la poussière. Un tipi en écorce de bouleau a été reconstitué, avec sa théière pendue au-dessus d'un foyer, ainsi qu'un autel d'offrandes composé d'amulettes en bronze, de pièces de monnaies et d'idoles en bois sculpté, le tout reposant sur une peau d'ours. De l'époque où les Mansis régnaient sur ces terres ne reste que ces attributs et quelques photos accrochées aux murs de ce musée. On les voit en habits de peau, le visage tanné, les yeux fendus, sans expression.

Les Mansis, autrefois appelés Vogouls, ne seraient plus que quelques centaines, dispersés à travers la taïga. Les autres ont été assimilés, sédentarisés, déplacés, noyés dans la masse urbaine. Parmi ceux qui vivent encore dans les bois et qui ont réussi par miracle à préserver leur mode de vie ancestral, certains déposent encore régulièrement des offrandes votives aux esprits pour favoriser la chasse et bâtissent des cabanes-cercueils pour aider le voyage des défunts dans l'arrière-monde. Les Mansis font partie de la grande famille finno-ougrienne aux côtés des Khanty, Komis, Estoniens, Finlandais et Hongrois. À l'instar des Nenets, certains Mansis se sont mis à l'élevage de rennes pour accroître leur indépendance vis-à-vis des Russes mais ceux qui vivent en forêt sont majoritairement chasseurs-cueilleurs.

J'espérerais en croiser lors de nos pérégrinations dans l'Oural. À Ekaterinbourg, les guides pensaient que nous pourrions tomber sur des Mansis dans les environs de Severouralsk mais les incendies ont contrecarré nos plans. Peut-être trouverons-nous d'autres irréductibles dans l'Oural polaire où je compte amener Dima. Je meurs d'envie de lui montrer la toundra, ce bout de la terre, ce Finistère sibérien que j'aime tant.

Le Météor nous emporte dans la nuit. Je me pelotonne aux côtés de Dima sous l'étrave, bercée par le ronronnement du moteur. À l'aube, l'hydroglisseur pénètre dans le port de Salekhard, capitale du district autonome Yamal-Nenets et l'une des villes les plus prospères de Russie. Dès que nous posons un pied au sol, des agents de la milice nous sautent dessus pour nous demander nos papiers. Nous sommes en règle. Je me suis procuré les permissions nécessaires lors de mon aller et retour à Moscou le mois dernier. À cause du gaz, le Yamal est cloisonné, fermé à tout étranger et non-résident. Chaque entrée et sortie est contrôlée, comme du temps de l'Union soviétique. Certaines traditions ne se perdent jamais. Le Yamal recèle quatre-vingt-dix pour cent des réserves de gaz du pays, celui-là même qui chauffe une maison sur quatre en Europe.

À Salekhard, j'ai encore quelques amis grâce à mes voyages chez les Nenets, notamment la journaliste Lioudmila qui a contracté bien avant moi le virus de la toundra et publié de nombreux récits sur ses aventures chez les éleveurs de rennes. À soixante ans passés, cet ancien ingénieur arpente toujours les plaines boréales, armée de son micro et de son appareil photo.

À Salekhard, aucun bâtiment n'a plus de dix ans. Les tours de verre de Gazprom et de Sibneft me rappellent celles de Houston et de Chicago. Les rangées d'immeubles aux couleurs chatoyantes brisent la monotonie du ciel. Pas un nid-de-poule sur les routes, pas un SDF, pas un papier par terre. L'opulence de Salekhard contraste avec les villes-dortoirs, construites sur cette latitude à la hâte pour les ouvriers du gaz dans les années 1970 et 1980. Dima n'a jamais vu cité si rutilante dans son propre pays.

– C'est Dallas en pleine toundra ! dit-il.

– Oui, ça sent l'argent du gaz, n'est-ce pas ? Il fut un temps, j'avais pensé m'installer ici. Mais l'hiver, il fait moins cinquante et l'été ne dure que quelques semaines.

Bientôt, Salekhard sera plongée dans l'obscurité jusqu'au printemps. Nous sommes à la fin du mois d'août. Il doit faire dix degrés. Nous sonnons chez Lioudmila.

– Ha ! Tu es là, toi !

– *Nanidorova* (bonjour en langue nenets) !

Son appartement est ma base sibérienne et rien n'a changé depuis mon dernier séjour, il y a quelques années. Une jungle de plantes déborde toujours du rebord des fenêtres. Dans la toundra subarctique rien ne pousse, à part sur les balcons chauffés des immeubles. Lioudmila est la seule consœur russe avec laquelle je me garde bien de critiquer l'État ou ses services de renseignement. Les gars du FSB sont de chics types, dit-elle. Et puis, l'horreur des goulags a été grossièrement exagérée. Tout cela, c'est du sensationnalisme, affirme-t-elle. Je n'ai jamais osé la contredire.

Lioudmila nous installe et part travailler. Je n'aurais jamais cru qu'un jour, je viendrais ici accompagnée. J'ai toujours voyagé seule, ne révélant mes pensées qu'à mon journal. À Tcheliabinsk, Dima s'occupait de moi. Cette fois, les rôles sont inversés. Je me sens responsable de son bien-être. L'expérience n'est pas du tout la même.

Lioudmila réapparaît plus tard dans la soirée. Elle apprécie l'humour de Dima et sourit gentiment de me voir avec un Russe, moi qui m'étais jurée de ne plus jamais les fréquenter après Micha. Je les pensais tous machos, cyclothymiques et alcooliques. *Never say never...*

Le lendemain, j'emmène Dima rencontrer mon amie Véra Larovna, la première femme nenets devenue médecin à Salekhard. Nous avons fait connaissance dans la rue par hasard alors que je cherchais mon chemin. Notre complicité est née au premier regard. Véra habite l'une des dernières maisons en rondins de Salekhard, non loin du port. Je me rappelle sa phrase fétiche : « La chamane ici, c'est moi ! » Née dans la toundra, Véra se destinait à élever des rennes. Aujourd'hui, elle est chef de service à l'hôpital et pallie les limites de la science par des formules chamaniques. Elle se dit « médecin de l'âme », comme se décrivent eux-mêmes les guérisseurs de la toundra.

Nous atteignons le numéro 9 de la rue Lénine. Véra apparaît. La beauté de cette femme approchant la cinquantaine m'impressionne toujours, avec ses yeux dansants, son port de tête altier et ses longs cheveux ébène entourant un visage lisse et lumineux. Véra nous sert promptement le thé comme si nous venions de nous accroupir près du feu dans son *tchoum*, la tente conique des Nenets. Elle aspire le thé de la soucoupe pour le refroidir en faisant de grands bruits, à la manière des éleveurs de rennes.

– Tu restes longtemps ?

– Le temps de se reposer. Nous partons bientôt dans l'Oural polaire.

– C'est bien. Tu as gardé tes bonnes habitudes !

Le mari de Véra, Alexeï, un Nenets au corps de gorille, entre dans la cuisine et nous salue en levant une main. Le couple échange quelques mots dans son idiome maternel puis Véra passe au russe en regardant Alexeï : « Qu'est-ce que je ferais sans lui ? » On sent qu'il y a encore de l'amour entre ces deux-là. Véra et Alexeï se sont choisis, il y a plus de trente ans, sans l'adoubement de leurs parents, comme le demande la coutume. Leur complicité m'inspire. J'aimerais, moi aussi, être capable de partager mon existence avec le même être plus d'une décennie. Véra sort de son congélateur des *marochkas*, des mûres jaunes hyperboréennes. Manger ce fruit me ramène instantanément dans la toundra. Dima en goûte pour la première fois. Les marochkas ont un goût acide et vanillé.

– Je n'ai pas encore trop compris ce que c'est, dit-il.

– C'est la pleine saison, allons en cueillir, dit Véra. Nous n'en avons presque plus.

– Aujourd'hui ?

– Bien sûr. Je sais où il y en a des champs entiers, pas loin d'ici. Allons, ne perdons pas de temps !

Véra prédit que le vent va souffler et nous donne de quoi nous habiller chaudement. Les Nenets ont tous un baromètre intérieur, où qu'ils se trouvent. Le taxi nous lâche en pleine toundra. Quelques bosquets hérissent la plaine herbeuse, parée de ruban d'or et de feu en cette fin d'été. Un éclat d'émerveillement avive le regard bleu de Dima. Il découvre un nouvel univers.

– C'est par ici ! crie Alexeï.

J'avais oublié que lorsqu'un Nenets dit « c'est tout près, » cela veut dire que c'est à dix kilomètres. Des tapis ligneux de marochkas et de myrtilles sauvages attendent nos mains. Je me régale en avalant de grosses poignées. Dima ne dit rien. Je le sens heureux, grisé par ce premier contact avec la toundra. Au loin, un *tchoum*.

– Je ne les connais pas, dit Véra.

Je m'approche de la tente. Les autres me suivent. Des *laïkas*, petits chien-loups sibériens, aboient nerveusement. Un Nenets en blouson de cuir noir émerge de sa tente, fusil à la main.

– Qu'est-ce que vous voulez ?

– Rien, rien ! Nous ramassons des marochkas, dis-je.

Véra lui parle en nenets et visiblement n'arrive pas à le calmer. Je m'éloigne et sors mon appareil photo. L'homme fonce vers moi.

– Je vous interdis de prendre des photos ! Vous n'êtes pas chez vous ici. Allez-vous-en !

Les temps auraient-ils changé ? J'ai connu Nenets plus accueillants. J'ai toujours été merveilleusement reçue dans la toundra, à toute heure du jour et de la nuit. Qu'a-t-on fait à cet homme pour qu'il réagisse ainsi ? Il en a peut-être assez des Russes qui prennent les Nenets en photo comme des bêtes de cirque.

– Viens, rentrons, dit Véra.

Nous rebroussons chemin, le cœur lourd et contrit. Le retour est plus rapide que l'aller, comme toujours.

– Tu sais, il vaut mieux ne pas frapper à la porte de ceux que tu ne connais pas, dit Alexeï. Ça peut être dangereux.

– Il appelle le taxi. Comment fait-il pour lui expliquer où nous sommes ? La toundra est la même de chaque côté de la route sur des kilomètres. Le Nenets a un troisième œil et des repères que lui seul peut voir. Dans la voiture, pas un mot. Véra et Alexeï sont choqués et gênés par cette algarade.

– Je te reverrai ? me demande Véra en sortant de la voiture avec Alexeï.

– Bien sûr !

– Alors, *lakamboï* (au revoir en nenets) !

Nous racontons à Lioudmila notre altercation avec le nomade.

– Les Nenets qui plantent leur tente à côté de la ville traitent avec toutes sortes de gens. C'est normal qu'on vous ait reçus ainsi, ne vous inquiétez pas. Il ne faut pas tirer de conclusions de cette affaire. Tu pars bientôt dans la toundra, tu verras par toi-même ce qui se passe là-bas. D'ailleurs, il faut qu'on en parle.

Notre plan est de gagner la chaîne de l'Oural polaire par la ligne de chemin de fer Vorkouta-Labytnangui qui la traverse d'est en ouest. Je connais bien cette voie ferrée. Je l'ai empruntée plusieurs fois avec mon ami Vladimir, un ancien *afghanets*. Nous avons écumé ensemble la péninsule du Yamal au cours de l'été 2006. Cette ligne en construction nous servait de fil d'Ariane. Nous hélions les trains de fret en pleine toundra comme de vulgaires taxis. Surpris de voir une grande blonde chalouper avec un Russe hirsute au bord des rails, les cheminots acceptaient de nous embarquer, sans doute par pitié. Nous descendions dès que nous apercevions des tchoums et revenions sporadiquement vers la voie ferrée pour sauter dans le prochain train et gagner le Nord. *Train-stop* était le nom que j'avais donné à ce mode de transport improvisé.

Dima et moi comptons retrouver un ami chasseur de Lioudmila, Piotr Kozhevnikov, qui vit dans un petit village de mineurs sur la ligne de chemin de fer Vorkouta-Labytnangui et connait bien la région. Un train part le lendemain en fin de matinée. Le départ est fixé.

Nous faisons provision de soupes instantanées, vodka, pain, fromage, concombres et fruits secs – notre régime habituel sur la route. Pour quitter Salekhard, il faut traverser l'Ob sur un bac afin d'atteindre Labytnangui, une ville dont le nom signifie les « sept mélèzes » en langue khant. Si Salekhard symbolise l'avenir de la nouvelle Russie, Labytnangui est marquée à jamais par son passé, théâtre d'un funeste chapitre de l'histoire soviétique. J'appelle cet endroit le « rendez-vous des ombres ». Des milliers de prisonniers du goulag ont péri ici dans les années 1940 et 1950 en construisant une voie ferrée jamais terminée, ne menant nulle part si ce n'est à la mort. Sous le nom de code « Construction 501 », le projet ambitionnait de relier toutes les villes du nord de la Russie. Les cris des ouvriers tués par le froid, la faim et la violence, se sont imprimés sur les murs délavés, sur la terre, le bitume et jusque sur l'écorce des arbres. Les âmes disparaissent, les hurlements restent. Je suis toujours sensible à l'aura sinistre de Labytnangui, chaque fois que je m'y rends. Encore une preuve que le génie des lieux existe.

Notre train s'enfonce dans le thalweg. Je reconnais les vallons que j'affectionne tant. Admirant ces éminences rocheuses, il me prend toujours l'envie de les grimper à toute allure pour admirer le monde depuis leur sommet. Leur silhouette rebondie avec leurs flancs creusés par le blizzard me font penser à de vieux mammouths endormis.

L'Oural, comme la plupart des gens, est pourvu de multiples facettes qui se dévoilent au voyageur selon l'endroit d'où on le considère. Les Nenets, eux, voient dans la chaîne une caravane fusant à travers la plaine. En cette saison, les nomades sacrifient des rennes au pied de la pierre de Konstantin, la dernière élévation avant l'océan glacial. Je ne doute pas que, depuis quelque temps, de bons esprits veillent sur Dima et moi.

Nous descendons à Kharp, une petite ville connue pour son eau pure et ses deux pistes de ski. Sur le quai de la gare, nous attend l'ami de Lioudmila, Piotr, un petit homme ridé aux cheveux poivre et sel. Je reçois en chemin un coup de téléphone sur mon portable de Cédric Gras, un merveilleux ami qui a fondé l'Alliance française à Vladivostok, avec qui je partage la même passion pour les virées dans les coins oubliés[1].

– Salut ! Je suis dans le train en direction de Vorkouta. Je n'avais rien à faire pendant quelques jours. On m'a dit que tu étais dans le quartier.

– Fabuleux ! Je te rappelle demain avec des instructions.

Le monde serait-il devenu si petit que des amis peuvent se croiser au bout de la terre sans le faire exprès ? Je me croyais seule avec Dima dans un endroit perdu. Voilà que je vais retrouver un copain. Cette idée me réconforte. Je

1. Cédric est l'auteur de *Vladivostok, neiges et moussons*, Phébus, 2011, et *Le Nord, c'est l'Est, aux confins de la Fédération de Russie*, Phébus, 2013.

n'ai pas vu un visage familier depuis des mois. Mais dans mon esprit, l'Oural vient de perdre un je-ne-sais-quoi de sauvage. C'est un peu comme si on venait de découvrir ma cabane secrète. Je ne peux plus m'y cacher sans craindre une visite.

Piotr nous fait entrer chez lui. Les deux carabines accrochées au-dessus de sa porte avertissent les visiteurs qu'ils doivent bien se tenir. Une tête d'ours jaillit du mur du salon. Piotr nous met en garde contre les vents violents qui sévissent à cette époque de l'année. Dans trois jours, nous serons en septembre. Demain, il nous montrera les abris pour la chasse qu'il s'est construits le long de la ligne de chemin de fer. En attendant, il nous offre son toit et une nuit dans un mauvais lit, le dernier pour les prochains jours.

Au réveil, Piotr prend une grande rasade de gnôle, saisit son sac à dos et nous mène dehors. Il est temps d'appeler Cédric.

– Salut ! Quand tu arrives à Vorkouta, prends-toi un billet de train pour la station de l'Oural polaire. Sinon à Vorkouta, Gosha, un cousin de Dima, t'attend, je t'envoie son numéro.

– O.K. Compris.

Nos échanges restent brefs – trait commun aux vraies amitiés. Nous grimpons dans un train à la vélocité d'une limace. L'Oural polaire, lui, est en train de se développer à grande vitesse. On ouvre des routes, on tire des câbles, on construit des gares. Les ouvriers ne sont pas logés dans des baraquements ou des containers – comme les géologues au pied de Neroïka – mais dans des maisons en brique, reliées à des pylônes électriques. Les montagnes se font éventrer pour leur minerai et leurs métaux précieux. Bientôt, le silence cèdera à la cacophonie des marteaux piqueurs. Des camions grouilleront et vicieront l'air pur. Les vallées seront prises d'assaut et personne ne s'y opposera, pas même les ours, qui devront s'exiler toujours plus loin, vers les rivages de la mer de Kara. J'aurais connu l'Oural libre. J'aurais tant aimé qu'il le restât.

Nous cherchons la *provodnitsa* pour qu'elle demande au conducteur de nous laisser descendre bientôt. Dans ce train-autobus, il faut demander son arrêt. Cédric appelle. Il est à la gare de Vorkouta.

– Salut, Astrid. Je viens d'essayer de m'acheter un billet mais apparemment la station de l'Oural polaire n'existe pas.

– Attends une minute.

Je me retourne vers Piotr et lui répète ce que Cédric vient de me dire. Il s'empourpre.

– Comment ça, la station de l'Oural polaire n'existe pas ? Mais alors Moscou n'existe pas, Saint-Pétersbourg n'existe pas, Paris même n'existe pas ! Passez-moi le directeur de la station !

– Voulant éviter les grandes manœuvres, je demande à Piotr à combien de kilomètres de Vorkouta se trouve la station de l'Oural polaire.

– Allô, Cédric. Bon, demande qu'on te vende un billet pour le 117ᵉ kilomètre. Ça, ils devraient comprendre. Rappelle-moi ensuite.

Cédric s'exécute. Notre plan a marché. Il a son billet en main. Nous le retrouverons donc demain vers dix-neuf heures. La station de l'Oural polaire réapparaîtra peut-être un jour, ailleurs sur le tronçon ou au même endroit. Pour les Russes, effacer une ville de la carte est aussi facile que d'en créer une à partir de rien. Après la chute du régime communiste, des centaines d'agglomérations ont été rayées de la carte des confins, lors de la fermeture d'usines ou de mines. Vorkouta, l'un des plus grands centres de goulags sous Staline où j'ai traîné mes guêtres en 2005, se vide aussi de ses habitants. On ne veut plus y prospecter le charbon. Moscou mise à présent sur le gaz.

La *provodnista* signale que nous pourrons bientôt descendre. Nous sautons dans le gravier du remblai et suivons les rails en direction du creux de la vallée. Ce paysage vide et minéral donne le sentiment d'avoir atterri sur la lune. Pas un oiseau ou une maison en vue. Dans cet univers, l'homme ne commande plus. Le seul maître ici, c'est le vent. En témoignent les arbustes recourbés, humbles sujets prostrés au pied des reliefs érodés. Mes poumons se gonflent. L'air sent l'hiver. Les parois, à moitié saupoudrées de neige, racontent la fin de l'été. Bientôt, tout sera blanc. L'automne, « saison mentale » pour Apollinaire, n'existe pas dans cette contrée.

Derrière une butte, sur le bas-côté de la voie, apparaît l'abri en bois de Piotr, tout juste assez grand pour s'y allonger. Les hommes débitent des bûches pendant que je vais chercher de l'eau à la rivière. J'aime ces rendez-vous en solitaire avec la Nature, ces courts échanges avec les éléments. Seulement, ce soir, on me réserve un accueil glacé.

Une malveillance émane de la rivière. Je perds ma bouteille, emportée par le courant et me lance à sa poursuite en faisant le funambule sur les rochers. Nous n'en avons pas d'autre. Interdiction de tomber. La première règle de survie ici est de garder les pieds au sec. L'eau froide me brûle la peau et je rattrape la bouteille in extremis. La toundra m'a donné une piqûre de rappel. Elle ne pardonne ni l'erreur ni la rêverie.

Nous dînons de saucisses grillées au feu de bois et de litres de thé à la vodka – la mixture préférée de Dima. Assis dans l'herbe, adossés à la mini-*isboushka* de Piotr, nous regardons les dômes pelés se teindre en grenat, couleur d'un bon vin qui invite au partage. Le vent déchire les nuages, laissant les derniers rais nous réchauffer le visage – une caresse aussi bienvenue qu'inattendue dans cet âpre décor. J'ai hâte de revoir Cédric. Il va adorer cet endroit.

Le jour suivant, Dima et moi lézardons autour de la rivière pendant que Piotr fait des provisions de bois pour l'hiver. Que pourrions-nous faire pour ajouter une touche d'humour à notre rendez-vous franco-russe ? On se met d'accord sur l'idée d'une pancarte. En marchant le long de la voie, Dima déniche un panneau en carton et un morceau de charbon.

Le train marque un bref arrêt. Cédric gravit la pente malaisée pour nous retrouver. Le comité d'accueil est au garde-à-vous avec sa pancarte tenue bien haut : « Bienvenue dans l'Oural, Cédric ! » Notre ami explose de rire.

– Salut ! Alors, tu vois, finalement, la station de l'Oural

polaire existe vraiment ! dis-je en lui montrant le panneau de la gare.

– Oui ! Je suis content d'être là.

Cédric, un grand brun au regard franc, fait partie de cette fratrie d'amis qui aiment la Russie pour son fatalisme et sa démesure. Son apparition m'ouvre une fenêtre sur la France. Pendant quelques secondes, je ne suis plus dans l'Oural mais quelque part entre Paris et la Russie, où exactement, je ne saurais le dire. Les rencontres forment un voyage en soi. Cédric se sent ici autant dans son élément que moi, lui qui a vadrouillé pendant tant d'années à travers le pays. Piotr mène la marche le long de la voie de chemin de fer, les garçons suivent et je danse le fox-trot entre les lattes. En chemin jaillit une borne torsadée à deux bras portant les inscriptions en cyrillique « Evropa » et « Azia ». Nous avons atteint la frontière entre l'Europe et l'Asie, celle-là même que nous avons traversée plus au sud, dans les environs de Magnitogorsk. Dima tire de son sac une bouteille de Roussky Standard et nous enchaînons les toasts à nos retrouvailles, à l'Oural, aux frontières qui bougent et aux amitiés qui restent. Revigoré et éméché, Cédric est séduit par la toundra et veut déjà y revenir plus longtemps. Comme je le comprends.

– Marcher dans la toundra, c'est changer de dimension, lui dis-je, portée par la vodka. C'est perdre ses repères, prendre la haute mer, se réduire à une petite fleur dans l'univers, à un atome dans l'atmosphère. Tu comprends ?

Au lieu de se moquer de mon élan poétique, Cédric m'offre un sourire fraternel. Il connaît mon attachement à cette partie du monde. La toundra est une drogue douce dont je n'ai pas cherché à me sevrer. J'y reviens régulièrement, accomplissant une sorte de pèlerinage, m'enfonçant toujours plus loin dans le septentrion. C'est si bon d'avancer dans le néant. Le vent transperce la poitrine, les nuages enturbannent la tête et le corps n'est plus que jambes, rebondissant sur le sol humide et spongieux avec la régularité d'un métronome. Il s'agit d'adopter la danse et de garder le rythme. La toundra ne révèle sa beauté qu'aux voyageurs courageux et déterminés. Grâce aux éleveurs de rennes, j'ai aussi appris à me taire et à ne pas poser trop de questions. Ils m'ont fait comprendre qu'il ne fallait pas chercher l'amitié, ne pas juger et surtout ne pas s'en faire quand tout va mal car, de toute façon, on va bien s'en sortir. Je n'étais pas revenue dans la toundra depuis trois ans. Je savoure la chance de faire découvrir mon royaume boréal à mes amis.

Au matin, Piotr nous met sur les traces d'une famille d'éleveurs de rennes khanty qu'il connaît depuis longtemps et dont le patriarche se nomme Éfim. Les Khanty sont des cousins éloignés des Hongrois et des Komis, des Finno-Ougriens qui survivent en semi-autarcie dans la taïga. Les guerriers khanty ont décimé les cosaques de Yermark lors de sa conquête de la Sibérie par les Russes au XVIe siècle et depuis, ils se sont forgé une réputation de peuple belliqueux. Les Khanty vivent de chasse, de pêche et de l'élevage de rennes. Comme les Nenets, les Khanty ont préservé leurs croyances animistes mais les traditions de ces deux peuples divergent. Par exemple, le Khant tue le renne au couteau et le Nenets en l'étouffant. En théorie, chaque famille khanty appartient à un clan patronné par un animal. Certaines font partie du clan du corbeau ou du renard, d'autres du castor ou de l'ours. Je me demande comment les Khanty vivent aujourd'hui et s'ils résistent aux incursions des Russes et du monde moderne.

Cédric et moi suivons Piotr mais Dima fait bande à part. Il a en assez de nos conversations en français auxquelles il est hermétique. En chemin, nous ramassons des bolets, gros comme des melons. Tout d'un coup, j'entends Dima hurler en faisant des grands gestes : « Marochka, marochka ! » Il a trouvé un immense champ des mûres jaunes et, grâce à elles, une excuse pour que je le rejoigne. Je pensais que Dima ne se prêtait pas à ce genre de jeu-là, par fierté.

Soudain, Cédric annonce qu'il doit rebrousser chemin. Malheureusement, il doit être à Moscou bientôt et ne veut pas prendre le risque de se perdre dans les montagnes. Piotr propose de le raccompagner.

– Très chic de se retrouver sur le bord d'une voie ferrée et de se dire au revoir en pleine toundra, dit Cédric.

– À refaire, dans un autre bout du monde !

Les deux hommes se transforment en petites taches noires dans le lointain. Dima se réjouit de m'avoir à nouveau pour lui tout seul mais notre paradis à deux sera de courte durée. Cernés par les marécages, nous avançons comme des bêtes de somme, un sac à dos devant, un autre derrière, nos pieds s'engluant sans cesse dans la boue. Pour ne pas se perdre, nous suivons le double sillon créé par le passage des engins à chenille, les vezdekhod, qui ont labouré la vallée. Nous visons une montagne boisée droit devant nous. Ce sera sans doute le seul endroit sec où nous pourrons planter notre tente. Le temps passe mais notre point de mire, lui, ne se rapproche pas. J'ai du mal à mesurer la distance qu'il reste à parcourir. Le soleil se rapproche de façon inquiétante de la ligne d'horizon. Un ruisseau décrasse nos bottes.

– Viens Dima, prenons de l'eau ! Nous n'en avons plus.

– Non, non ! Nous sommes assez chargés comme ça. Je suis certain que nous trouverons une autre rivière plus loin.

Jusqu'ici, j'ai toujours eu raison de faire confiance à Dima. Mon instinct me dit que je dois croire en lui encore une fois. Nous coursons le soleil, ruisselants, le dos brisé, les muscles des jambes en feu.

Enfin, la montagne se rapproche et nous commençons à discerner les futaies. Une brise nous apporte le murmure des flots tant espérés. Entre chien et loup nous gravissons la pente. Dima déniche le seul bouleau des environs. Pour lui, là où il y a un bouleau, il y a un ami. S'y reposer, c'est se coucher sous un branchage protecteur. Dima monte la tente pendant que je cours chercher de l'eau. Je noue un ruban à une branche et je me retourne souvent, comme me l'ont montré les Nenets afin de mémoriser le chemin du retour. La bouteille met une éternité à se remplir et je me concentre pour qu'elle ne m'échappe pas des mains cette fois. Malgré la pénombre, je retrouve Dima. Il a monté le camp. Mission accomplie.

– À mon avis, notre virée aurait pu mal tourner, dit-il en nous servant des *rioumochka* de vodka pour fêter notre arrivée, sains et saufs.

Éclairés par la faible lumière de nos torches, nous échangeons un regard complice, émus de nous retrouver seuls dans la nuit polaire. La lune se tient basse, luisant dans le ciel noir au-dessus des monts rasés. Plongés dans l'obscurité, nous tendons l'oreille aux manifestations de la vie. La nature vibre à l'unisson. Les herbes frémissent, les branchages craquent et, plus bas, résonne le clapotis de l'eau. Nous restons un long moment raides et immobiles comme des caryatides, décryptant le langage de la nuit, émerveillés par ces haïkus sauvages, cette harmonie du soir dont nous sentons que nous faisons partie. Dima me prend la main et nous nous blottissons dans notre tanière de tente, comme le feraient des petites bêtes dans un coin sombre de forêt.

Des grondements de vezdekhod nous déraidissent à l'aube. Nous émergeons courbaturés. Mais où sont-ils ces fameux nomades ? Et si nous faisions le tour de la montagne pour explorer l'horizon de l'autre côté ? Saisissant Thermos et sandwiches, nous reprenons la route. Les sous-bois s'ouvrent sur une plaine immense, écrasée par le ciel, fissurée çà et là par des filets d'eau. Nos yeux cherchent un mouvement furtif ou un pic blanc de tente de nomade. Selon John Burroughs, un ancien instituteur et grand contemplateur de la nature, il faut d'abord visualiser dans son esprit ce que l'on cherche pour le trouver. Dans *L'Art de voir les choses*[1], Burroughs explique qu'il faut faire confiance à ses « yeux intérieurs » plutôt qu'à ses « yeux extérieurs ». Je m'en inspire et imagine un troupeau de milliers de rennes pilonnant la toundra. Un vezdekhod apparaît, piloté par un homme à bonnet noir.

– Oy ! Vous allez loin ?

– Nous cherchons des éleveurs de rennes.

– Nous savons où ils sont. Grimpez !

Ces deux géologues rentrent à Vorkuta après des semaines dans la toundra. Assis à côté de moi sur le toit de l'engin, le Russe ne cesse de prendre des rochers pour des tentes de nomades et je ne le crois plus lorsqu'il dit « tchoum en vue ! » Il ne sait pas, lui, faire appel à ses « yeux intérieurs ». Nous avalons cinq, dix, quinze kilomètres. Je me retourne vers Dima.

– Tu es au courant que nous devrons refaire tout ce trajet à pied ? Qu'est-ce qu'on fait ? On descend ou on continue ?

Dima réfléchit.

– Vous allez bien à Vorkouta, n'est-ce pas ?

– Oui, oui.

– Si nous ne trouvons pas d'éleveurs, nous pourrons vous accompagner et reprendre le train ensuite jusqu'à la station de l'Oural polaire pour retrouver notre tente.

– Oui, pas de problème.

---

1. *L'Art de voir les choses*, Fédérop, 2007, pages choisies et traduites par Joël Cornuault.

– Alors, c'est parti !

Quel homme ! C'est dans ces moments-là que je me dis que nous sommes faits l'un pour l'autre. Nous traversons la vallée bleue. Le vent a tellement raboté les monts qu'ils en sont devenus chauves.

Quatre tchoums. Les malins, ils se sont cachés derrière un ravin pour qu'on ne puisse pas les repérer de loin. Les géologues nous souhaitent bonne route. En s'approchant du camp, nous croisons deux hommes attelant leurs rennes. Leurs yeux légèrement bridés dans un visage européanisé laissent présager que ce ne sont pas des Nenets mais des Khanty. L'un d'eux, habillé en combinaison de camouflage, marche vers nous.

– Vous souhaitez passer la nuit ici ?

– Oui, si c'est possible.

– Bien sûr ! Nous aimons les invités. Ils animent la soirée. Je m'appelle Nikita. Venez boire le thé.

Dans la tente, il faut se baisser pour se protéger de la fumée. Nous nous affalons sur d'épaisses peaux de renne. Des morceaux de viande et des pyjamas d'enfants sèchent au-dessus des braises. Dima savoure ses premières minutes dans le tchoum les yeux fermés. Le feu de camp m'hypnotise et les flammes appellent la confidence. Je souhaitais tant faire découvrir à mon compagnon la vie des nomades. Le génie de l'Oural a exaucé mon vœu – encore une fois.

Nikita sort sans prévenir. Nous sommes tombés sur un jour particulier : les éleveurs castrent les rennes pour en faire des bêtes de trait. Médusé, Dima observe les Khanty rassembler deux, trois rennes à la fois dans un enclos. Le premier enserre ses testicules avec un fil et les frappe avec un bâton pendant que le second lui scie les bois. Ensuite, on marque la bête au couteau, imprimant de longues stries dans sa fourrure. Tout se passe très vite. La scène choque Dima, lui, qui en a tant vu. Sa première rencontre avec les Khanty n'aura pas été douce. L'une des bêtes s'est débattue si violemment que la lame a dérapé, l'affligeant d'une plaie béante sur l'échine.

– Va-t-on le recoudre ?

– Non. Nous le mangerons demain, dit calmement l'éleveur.

Parmi les bêtes, il y a celles de l'État russe et celles du clan. Les éleveurs castrent ces derniers en mordillant les canaux de leurs testicules, ce qui prend plus de temps que de les marteler. Triste destin que celui du renne. Comme chez les bovins, seuls les mâles reproducteurs s'en sortent. Les femmes khanty, en manteaux de peau de renne retourné et col de renard, comptent les femelles, les jeunes rennes, les castrés et les non-castrés. On entend hurler « *vazhenka* » qui signifie femelle. Une barre est ajoutée dans un cahier. Les bois de rennes fraîchement coupés s'entassent en pyramide dans l'herbe humide. Bientôt, on les transformera en poudre pour en faire du Viagra pour les Coréens et les Chinois. Les éleveurs de rennes, eux, ne croient pas aux vertus de ce médicament et ne scieraient pas les bois de leurs bêtes s'ils n'avaient pas besoin d'argent.

Dans le tchoum mijote un chaudron noir suspendu au-dessus des flammes. Ce soir nous aurons du renne bouilli.

Au centre de la tente, des lattes de bois recouvrent le sol. De vieux manteaux empilés servent de canapés. Nikita sert un verre de vodka, le tend à Dima qui le boit d'une traite, fait de même pour moi, pour sa femme Margarita et nous buvons tous dans le même rioumochka.

– Au rythme où vont les choses, je suis pessimiste, dit Nikita. Les Russes envahissent la toundra. Ils construisent une ligne de chemin de fer qui parcourra l'Oural, du nord au sud. Ils ont appelé cela le « mégaprojet ». Nous, on ne nous a rien demandé, évidemment. Plus il y aura de routes, plus les braconniers pourront facilement tirer sur nos rennes. Parfois même, ils nous prennent pour cible et nous n'avons pas les moyens de nous défendre. Tous les juges sont du côté des Russes. Quand tu es un Khant, tu n'existes pas dans ce système.

Je savais la civilisation khant en sursis mais pas à ce point. Selon Nikita, les Russes font tout pour sédentariser les nomades. Ils ferment les internats pour enfants et offrent à leurs parents des appartements dans les villes pour les inciter à quitter la toundra. Dima écoute, attentif. Il se sent impuissant et a presque honte d'être russe. Je demande à Nikita à quel clan appartient sa famille. Il croit que c'est celui du castor mais il n'en est plus sûr car, m'avoue-t-il, les traditions ancestrales se perdent, elles aussi.

Dehors, la nuit tombe. La femme de Nikita nous aménage une couche de pelisses. D'autres peaux sèchent au-dessus de nos têtes, entrelardant les perches de la charpente conique de la tente. Pour la première fois, je vais dormir dans un tchoum avec mon *tchum* – petit ami en québécois. La famille de Nikita se prépare pour la nuit. On tire un rideau de toile formant une alvéole autour de son lit, donnant un semblant d'intimité. Je me colle à mon compagnon pour me réchauffer. Dima glisse sa main entre mes cuisses. Oserons-nous ? Nous attendons que nos voisins s'endorment. Dima me fait l'amour lentement, tendrement et sans un bruit – l'un de mes plus grands fantasmes. L'Oural répond vraiment à tous mes désirs.

Le crépitement des brindilles dans le feu est mon réveil favori. J'adore ce bruit. C'est aussi pour cela que j'aime passer des nuits dans la toundra. Margarita sert le thé. Nikita et ses fils sont partis mener les bêtes vers de nouvelles pâtures et les protéger des prédateurs. Il fait si froid que nous laissons échapper de la vapeur en parlant. Le vent, lui aussi, s'est levé. Est-ce que notre tente tient toujours debout ? On y a laissé toutes nos affaires et nos papiers. Partis pour une promenade, nous voici vingt kilomètres plus loin, sous un tchoum. Bilbo a raison de dire à Frodon dans *Le Seigneur des anneaux :* « Il est fort dangereux de sortir de chez soi. On prend la route et, si on ne regarde pas où on met les pieds, on ne sait pas jusqu'où cela peut nous mener[1]. »

À l'extérieur, des filets de viande dégoulinent sur un tréteau, les restes du renne qui s'est fait ouvrir l'échine

1. « It's a dangerous business, going out your door. You step onto the road, and if you don't keep your feet, there's no knowing where you might be swept off to. »

hier. Ce matin, le ciel est en train de nous tomber sur la tête. Une armée de nuages envahit la plaine. Prise entre la mâchoire du ciel et celle de la terre, je me sens aussi minuscule que ces cailloux blancs qui roulent sous mes pieds. La toundra révèle le meilleur de l'homme autant que son insignifiance.

Trois rennes attelés nous observent avec un regard presque humain. L'un d'eux se gratte l'oreille avec sa patte arrière. Dima lui confie qu'il n'aimerait pas être un renne, préférant sa condition de Russe mécréant à celle de cervidé inféodé. Il lui tourne le dos et part à la recherche de champignons, le passe-temps favori des Russes en forêt. Dima égaie sa cueillette en chantant une valse cosaque. Puis il se laisse entraîner par la mélodie, m'enlace et me fait tournoyer dans l'herbe. Je pourrais danser ainsi toute ma vie.

Un laïka nous retrouve et nous fait comprendre qu'il faut vite revenir au camp. Un vezdekhod pourrait passer ce soir ou demain et nous déposer à côté de notre tente. Et un ours brun rôde dans les parages. Nikita l'a revu avant-hier. Il a déjà dévoré trois rennes.

– Les ours aussi ont besoin de manger. Paraît même qu'il y en a qui boivent de la vodka ! dit Nikita en riant.

Si le vezdekhod ne passe pas d'ici demain matin, Nikita nous accompagnera à pied car il doit aller dans la même direction pour retrouver une partie de son troupeau. Sous la flamme tremblotante d'une lampe à huile, Dima fait le récit aux Khanty de notre rencontre à Tcheliabinsk. Ils s'esclaffent lorsqu'il leur dit qu'au début, il pensait que j'étais lesbienne. Je l'avais salué comme le ferait un homme. « *Priviet, ya Astrid.* Salut, je suis Astrid », leur raconte-t-il en m'imitant. Avec ma casquette, ma veste en jean et mon allure de garçon manqué, je lui rappelais la joueuse de tennis Martina Navratilova. Les Khanty comprennent bien ce que Dima veut dire avec ses grands gestes même s'ils ne connaissent pas la star d'origine tchèque. Sacha, le fils de Nikita resté silencieux toute la soirée, me tend une griffe d'ours qu'il vient de sculpter dans un morceau de bois de renne.

– Tiens, elle te protégera.

– Merci !

Les cadeaux des inconnus me touchent toujours plus que ceux de mes amis. Les nomades accrochent une griffe d'ours au-dessus du berceau des nouveau-nés pour éloigner le mauvais œil. J'en aurai peut-être besoin, un jour, qui sait, pour ma progéniture. Margarita nous refait notre lit en peaux de renne. Ce soir, nous serons sages. Nikita veut qu'on se lève à l'aube. La nuit sera courte. Nous quittons la tente, encore endormis, le nez plongé dans le ciel rose fluorescent. Les courtes jambes de Nikita le portent à toute allure. Nous peinons à le suivre. Plus tard, il réapparaît, assis dans l'herbe avec son chien, buvant une tasse de thé de son Thermos.

– Vous n'avez pas assez dormi ?

– Si, mais nous n'avons pas tes cuisses !

– Vous voyez la colline là-bas. Avant, c'était le domaine des lièvres. Ils couraient dans tous les sens par dizaines. Je marchais parmi eux et ils n'avaient pas peur de moi. Mais les Russes se sont tellement amusés à leur tirer dessus que, maintenant, il n'y en a plus. On dit qu'ils vendaient la viande aux prisons de Vorkouta pour nourrir les détenus.

Nikita se remet en route et Dima marche derrière moi, à son rythme. Un peu plus tard, nous retrouvons notre homme, assis sur une butte.

– Vous voyez ces petits arbustes, écrasés par le vent. Nous, les Khanty, nous sommes un peu comme eux. Nous sommes petits mais nous tenons toujours debout et nos racines sont profondes. Difficile de les arracher.

Un grondement brise le silence de la vallée. Le vezdekhod, tant attendu hier, nous a finalement rattrapé.

– Ah, vous êtes là ! crie un Russe émergeant d'une trappe. Grimpez !

Dima indique au conducteur où se trouve la tente.

– O.K, j'ai compris. Fais-moi signe lorsqu'on s'approchera.

Nous aurions mis la journée, si ce n'est une partie de la nuit, pour regagner notre camp à pied. Je retrouve le ruban que j'avais accroché à une branche. Les Russes nous accordent cinq minutes pour rassembler nos affaires. Ils n'ont pas de temps à perdre avec des touristes. Ils se dirigent vers un autre camp, celui d'Éfim, le Khant que nous cherchions avec Cédric et Piotr.

La pluie se met à tomber dru. Dima file se protéger dans le blindé alors que moi, je reste ficelée sur le toit. Depuis que j'ai failli mourir ensevelie, asphyxiée par des caisses dans un vezdekhod, je ne prends plus le risque de me faire ballotter. Je préfère une pneumonie. Je paie ma phobie. La pluie me frigorifie. Mon sang se glace. Je ne sens plus le bout de mes doigts ni de mes orteils. Nous atteignons le clan d'Éfim, installé entre deux collines. Je trépigne d'impatience de faire la connaissance de l'ami khant de Piotr et de boire le thé avec sa famille.

Éfim, un homme à la figure ronde en survêtement, nous salue négligemment et nous tourne le dos. Occupé à vendre ses bois de rennes aux Russes, il ne nous prête aucune attention. Le ciel s'assombrit et, dans le vent qui balaie les étendues marécageuses et les bouleaux nains, il y a comme une haleine menaçante, une sorte d'avertissement. Ne pouvant entrer dans un tchoum sans y être invités, nous nous réfugions dans le ventre d'acier de l'engin à chenille. Affamés, nous décidons d'aller voir Éfim. Sous le tchoum, toute la famille est couchée et les Russes dorment à moitié. Deux adolescents regardent un DVD sur un portable alimenté par un générateur. Nous venons de briser leur intimité. Personne ne nous adresse la parole. La femme d'Éfim se lève et nous sert machinalement du thé et du renne fumé étalé sur du papier journal. C'est la deuxième fois que nous ne nous sentons pas les bienvenus chez les nomades. La première, était lorsque nous cueillions des marochkas dans la toundra avec Véra, le médecin nenets. Ce soir, nous ne pourrons pas dormir chez Éfim. Il n'y a pas assez de place, dit-il. Les Russes ont la priorité. Je suis déjà nostalgique de l'accueil de Nikita.

Dépitée, je me glisse dans mon sac de couchage, à l'intérieur du vezdekhod. J'ai retrouvé la toundra mais elle ne m'a pas reconnue. Je m'y sens même un peu étrangère cette fois. J'ai renoué avec un pays plus hostile et sévère que celui que j'avais écumé lors de mes échappées en solitaire. J'ai goûté à son vent impitoyable, aux brûlures de son froid et aux lames de sa pluie. Cette situation me fait penser à Micha de Tcheliabinsk. Lui aussi ne m'a montré aucune tendresse. Bilan : deux retrouvailles, deux déceptions. Désormais, je vois l'Oural et la Russie sous un autre jour. Les désillusions servent de leçon. J'avais idéalisé la toundra, autant que Micha. Confronter leurs faces sombres me comble de chagrin et je sens monter en moi la douleur d'une séparation nouvelle.

Au petit matin, je fais mes adieux à la toundra, déambulant autour du camp, m'imprégnant du ciel noir et des dômes enneigés. Dima me fait comprendre qu'il est là si j'ai envie de poser ma tête sur son épaule. Il a l'intelligence de me laisser vivre seule mon chagrin. Les Russes nous proposent de nous déposer à la voie ferrée si en échange nous donnons nos imperméables au clan. Les Khanty en ont davantage besoin que nous. Nous acceptons sans hésiter. Sur la route, l'un des Russes m'envoie sans cesse des blagues grossières pendant que Dima poursuit sa nuit. Puis un autre, avec un nez en forme de cornichon et des yeux globuleux, me provoque en me disant que les Français ne savent pas se battre et que si Staline n'avait pas été là, nous serions tous nazis.

Je sors la griffe d'ours de ma poche.

– Tu vois ça ? Si tu continues, je saurai te montrer si les Français ont du courage !

Avec les Russes, il faut toujours marquer son territoire sinon ils vous écrasent.

À la station de chemin de fer, la pluie a repris de plus belle, comme si le ciel voulait se montrer solidaire de ma tristesse. Nous sautons du vezdekhod et profitons d'un toit en tôle pour nous abriter. Le temps s'écoule avec des battements lents et rapides à la fois. Une porte s'ouvre sur deux mondes. Devant moi la toundra et, plus loin, au bout de cette ligne de chemin de fer, la ville et le retour vers Paris. Monter dans le train signifie la fin du voyage, de l'ailleurs, de l'aventure et la fin de Dima. Qu'allons-nous faire lorsque nous retrouverons chacun nos vies ? Il y a quelques semaines à Tcheliabinsk, je ne voulais plus rien savoir des hommes. Maintenant, je ne peux pas m'imaginer vivre sans mon compagnon. Je resterais bien là, sur le quai, à laisser passer ce train, avec tout ce qui m'attend à l'intérieur. Dima fume cigarette sur cigarette.

Le train apparaît trop vite. Un homme ouvre la porte du wagon, hésite puis nous laisse monter. Trempés, le visage et les mains rougis par le froid, nous détonnons parmi les passagers confortablement installés, comme si nous venions de faire irruption dans une gentille chaumière du Valais. Les reliefs embrumés défilent par la fenêtre. Nous avons bien fait de sauter dans ce train. La toundra nous a congédiés. Je caresse les cheveux de Dima et lui masse le dos. Son regard s'illumine.

– Tu sais, je n'ai plus envie de m'installer dans les montagnes, dit-il. Je veux simplement rester à tes côtés. C'est là où je me sens bien.

– C'est vrai ? Tu acceptes que je sois ta maison ?

– Oui, j'y pense de plus en plus.

J'aimerais que nos chemins ne se séparent jamais, que nous poursuivions notre voyage, peu importe où. Nos cultures se sont entrechoquées dans l'Oural, comme celles des tribus nomades mille ans avant nous. Maintenant, nous sommes prêts à faire alliance. Ce n'est pas un hasard si nous nous sommes rencontrés ici, dans les replis du monde, aux portes de l'Asie. J'ai apporté l'Europe à Dima, lui sa Sibérie. Nos destins se sont mêlés.

Selon la tradition, les éleveurs de rennes en âge de se marier doivent se mettre en quête d'une femme venant d'une région lointaine pour éviter toute consanguinité et faire de beaux enfants. J'aime à penser que Dima, lui, ne cherchait rien. C'est moi qui suis venue le trouver.

Épilogue

La morsure du retour est d'une banalité atroce mais cela ne l'a pas rendue moins douloureuse lorsque j'ai retrouvé mon appartement parisien après ces trois mois d'escapade en Russie. L'acclimatation dura des semaines. Immanquablement, la vie me paraissait superficielle, dénuée de sens et il me fallait résister en silence à l'appel de la toundra, à l'appel des bois, à l'appel de Dima. J'espérais que le maelström des affaires reprendrait vite le dessus et que, petit à petit, mes vies parallèles se rejoindraient.

Mais mon voyage ne s'est jamais vraiment arrêté. Partie explorer l'Oural, finalement l'Oural est venu s'installer chez moi. Dima m'a rejointe à Paris quelques semaines après nos adieux en larmes à Moscou. Il n'était jamais sorti de l'Union soviétique, ne parlait ni le français ni l'anglais et ne connaissait rien de mon pays, à part Joe Dassin et Jean-Paul Belmondo. Il est apparu, habillé d'une veste en tweed des années 1970, a posé son sac près de ma porte et m'a embrassée. Il ne se doutait pas que notre voyage dans l'Oural avait redessiné notre destin. En quête d'un ancien amour, j'avais découvert une passion nouvelle et Dima avait trouvé une âme sœur. On me l'avait prédit. Un an après nos vagabondages, je tombai enceinte de Dima et donnai naissance à une petite Milla. Une fois encore, le génie de l'Oural avait exaucé mon vœu.

Bolchoï spasibo (grand merci) à :

Marc-Henri Picard
Sibylle d'Orgeval
Jacques von Polier
Bernard Hermann
Stephane Radiguet
Patrice Beaufils
Jacqueline Manson
Géraldine Japy
Lioudmila Lipatova
Tatiana Anoufrieva
Svetlana Bordiyan
Piotr Kozhevnikov
Tatiana Sidorova
Dimitri Voroshchuk
et son équipe d'Ural Expeditions &Tours (http ://www.welcome-ural.ru)
À tous ceux qui m'ont offert leur toit et leurs précieux conseils
Et surtout à Dimitri Egorov.

Table

DU MÊME AUTEUR

Au bord du monde.
Une vagabonde dans le Grand Nord sibérien
Robert Laffont, 2010

Composition IGS-CP
Impression CPI Bussière en avril 2014
à Saint-Amand-Montrond (Cher)
Editions Albin Michel
22, rue Huyghens, 75014 Paris
www.albin-michel.fr
N° d'édition : 21016/01. – N° d'impression : 2008898.
Dépôt légal : mai 2014.
ISBN 978-2-226-25681-2
Imprimé en France.